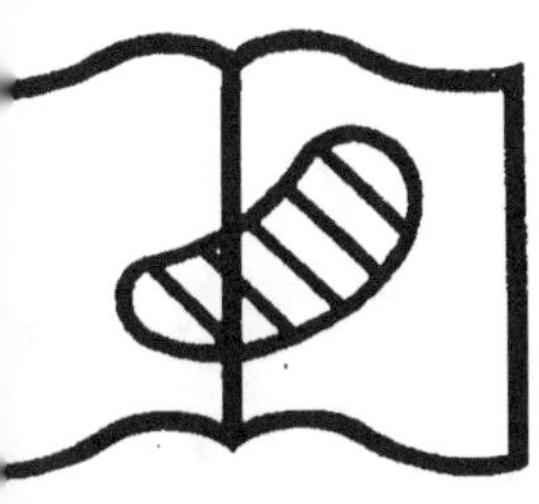

Illisibilité partielle

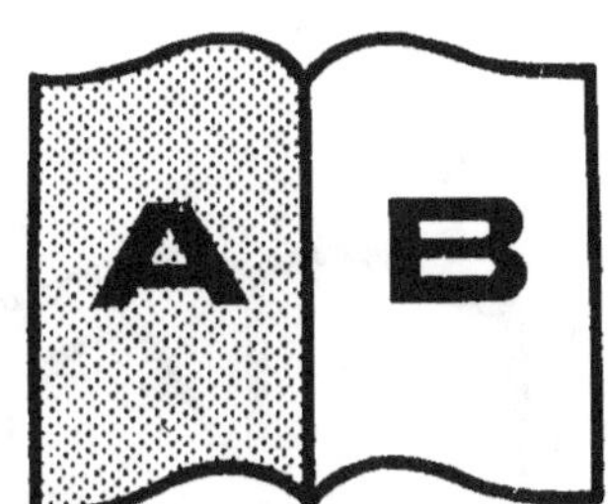

Contraste insuffisant
NF Z 43-120-14

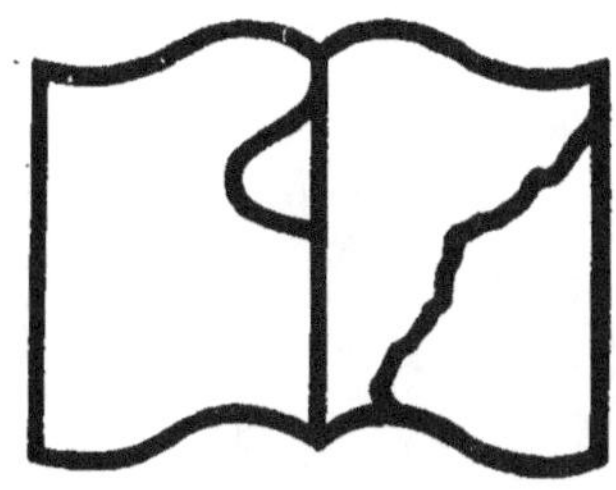

Texte détérioré — reliure défectueuse
NF Z 43-120-11

Valable pour tout ou partie
du document reproduit

Couverture inférieure manquante

Original en couleur
NF Z 43-120-8

UN DOCUMENT INÉDIT

SUR

LA COUTUME DE PARIS

PAR

G. D'ESPINAY

ANCIEN CONSEILLER A LA COUR D'APPEL D'ANGERS

PARIS

L. LAROSE ET FORCEL

Libraires-Éditeurs

22, RUE SOUFFLOT, 22

1891

UN DOCUMENT INÉDIT

SUR

LA COUTUME DE PARIS

Extrait de la *Nouvelle Revue historique de droit français et étranger*,
Mars-Avril 1891.

UN DOCUMENT INÉDIT

SUR

LA COUTUME DE PARIS

PAR

G. D'ESPINAY

ANCIEN CONSEILLER À LA COUR D'APPEL D'ANGERS

* * *

PARIS

L. LAROSE ET FORCEL

Libraires-Éditeurs

22, RUE SOUFFLOT, 22

1891

IMPRIMERIE
CONTANT-LAGUERRE
BAR-LE-DUC

UN DOCUMENT INÉDIT

LA COUTUME DE PARIS,

L'étude du droit coutumier a fait de grands progrès depuis quelques années. Les savantes publications de plusieurs érudits nous ont fait connaître des textes jusqu'ici peu ou mal étudiés. Les travaux relatifs à la coutume de Paris ne sont pas restés en arrière sur ceux qui ont traité des coutumes provinciales. Les *Sentences du Parloir aux bourgeois* ont été publiées par M. Leroux de Lincy, les *Constitutions du Châtelet*, par M. Ch. Mortet et accompagnées de notes savantes qui en expliquent le sens. M. L. Delisle a découvert l'auteur du *Grand Coustumier* et précisé à quelques mois près la date de cette importante compilation, publiée à notre époque par MM. Dareste et Laboulaye. M. Buche nous a donné un excellent résumé du droit parisien aux XIII° et XIV° siècles. Les origines de la coutume de Paris sont donc maintenant bien connues. Toutefois il reste à la Bibliothèque nationale plusieurs documents inédits sur le droit parisien. Je citerai notamment le manuscrit 18110 (fonds français, Harlay), qui me semble mériter d'appeler l'attention des érudits et des jurisconsultes d'une manière toute spéciale. Il renferme plusieurs documents relatifs à divers sujets de droit et de procédure et un résumé des usages juridiques de la ville et de la Prévôté de Paris au XV° siècle.

Du f° 1 au f° 27 se trouve l'ordonnance de Charles VII, rendue à Montil-lez-Tours, l'an 1453, avant Pâques. Cette ordonnance relative aux règlements de procédure, à la tenue des audiences, etc., a été reproduite dans le manuscrit du *Grand Coustumier*, n° 23637, f°° 143 et suivants.

Puis viennent : une ordonnance donnée à Paris en 1441 sur le rachat des rentes de la ville de Paris (f°° 28-34); deux autres ordonnances des années 1345 et 1354, touchant le Parlement, les enquêtes, les huissiers, les gabelles, les sergents, les maîtres de l'hôtel, les maîtres des eaux et forêts, etc. (f°s 35-42); une ordonnance sur le juge des requêtes au palais royal, de l'an 1364 (f°s 44-46), et enfin une ordonnance de Charles VII sur les amortissements (f° 46 verso et f° 47).

Au f° 48 recto commence un document entièrement distinct des précédents et dont nous allons parler plus longuement tout à l'heure; il comprend les f°s 48-61 en entier.

Il est suivi par un autre document fort important, intitulé : « les Usages et Stiles gardés en la court du Chastellet et cer- « taines sentences données en icelle court en plusieurs cas « notables » (f°s 62 et suivants).

Le manuscrit se termine en effet par un recueil d'arrêts faisant suite aux Usages du Châtelet.

Les Usages du Châtelet, qu'il ne faut pas confondre avec les *Constitutions du Châtelet*, publiées par M. Mortet dans les Mémoires de la société de l'histoire de Paris (tom. X), ni avec les *Coutumes notoires* qui figurent à la suite de la *Coutume de Paris*, de Brodeau, sont connus et ont été cités plusieurs fois par les historiens du droit. Mais je ne crois pas qu'on se soit occupé jusqu'à présent du document commençant au f° 48 et qui me semble inédit. Il n'a été mentionné ni par Laferrière dans son *Histoire du droit français*, ni par M. Buche (*Essai sur l'ancienne coutume de Paris aux* XIIIe *et* XIVe *siècles*), ni par M. Mortet, qui cite cependant le manuscrit 18110.

Ce document ne porte ni entête, ni intitulé, ni formule finale, ni date, ni signature. L'écriture est du XVe siècle, mais en marge on lit l'indication suivante, qui est d'une écriture beaucoup plus récente (fin du XVIIe ou XVIIIe siècle) : *Coustumes de France du temps de Charles VII* (1).

Il débute par le simple énoncé de la première rubrique; ces rubriques sont en latin, bien que le texte soit en français. Elles se suivent sans numérotage dans l'ordre ci-indiqué :

F° 48, *De circa censum consuetudinibus.*

F° 49 v°, *De feudorum consuetudinibus.*

---

(1) De la même main est écrit en marge du f° 1 : « Ordonnances de Charles VII, du mois d'avril 1453, avant Pâques. »

F° 53, *De circa retractum consuetudinibus*.

F° 55 r°, *De circa dotem consuetudinibus*.

F° 55 v°, *De circa hypotheca consuetudinibus*.

F° 55 v°, *De prescriptionum consuetudinibus*.

F° 57 r°, *De burgensium parisiensium privilegiis*.

F° 59 v°, *De consuetudinibus et privilegiis fisci*.

F° 60 r°, *De consuetudinibus circa communionem querendam*.

F° 60 v°, *De circa gardiam consuetudinibus*.

F° 61 (sans rubrique), plusieurs articles se rapportant à des coutumes particulières ou locales.

Il m'est impossible de préciser la date de cette composition ; mais, d'après l'ensemble des dispositions, je la crois postérieure au Grand Coustumier ; je ne pense pas qu'elle remonte au delà du xv° siècle, et peut-être même appartient-elle à ses dernières années. C'est l'œuvre d'un praticien qui avait condensé dans un court recueil les principaux usages en vigueur de son temps dans la ville et dans la vicomté de Paris ; mais qui, contrairement à l'usage des anciens praticiens, a laissé la procédure presque entièrement de côté pour ne traiter que du droit civil et du droit féodal. Nous allons exposer rapidement les traits principaux qui ressortent de ce document, avant d'en transcrire le texte.

I. — Des fiefs (1).

Notre document distingue, comme toutes les anciennes coutumes, la tenure féodale et la tenure en censive.

Quand un nouveau seigneur prend possession de sa châtellenie de laquelle relèvent plusieurs fiefs, il doit faire crier que tous ses vassaux tenant dudit châtel lui viennent faire foi et hommage dans les quarante jours, et, s'ils ne viennent pas, le seigneur châtelain peut saisir leurs fiefs. Le seigneur d'un simple fief duquel sont mouvants d'autres fiefs doit faire dénoncer à chacun de ses vassaux en particulier qu'il ait à lui rendre hommage dans les quarante jours, et faute de quoi il peut aussi faire saisir le fief et le garder en sa main jusqu'à ce qu'il ait homme.

(1) *De feudorum consuetudinibus*.

Pour rendre hommage, les vassaux doivent se présenter au lieu d'où relèvent leurs fiefs et le seigneur doit les y recevoir.

Le nouveau vassal est tenu d'offrir à son seigneur la foi et hommage pour le fief relevant de lui dans les quarante jours. S'il requiert son seigneur de le recevoir à foi dans le délai prescrit, celui-ci est tenu de lui restituer les fruits qu'il a levés pendant les quarante jours. Mais si le vassal ne se met en mesure qu'après l'expiration du délai, il ne lui est dû aucune restitution pour les fruits perçus par le seigneur avant la réquisition adressée par le vassal. Cette disposition nous montre qu'en cas de changement de vassal, le seigneur commençait par mettre la main sur le fief servant et en percevait les fruits par provision, avant même que le vassal fût en faute (1).

Quand le seigneur féodal a reçu son vassal en sa foi et hommage pleinement et paisiblement et sans aucune réserve, il ne peut mettre à l'avenir aucun empêchement à la jouissance du vassal et doit lui garder et faire tenir le fief en sa paisible possession. Il en est de même s'il a donné souffrance au vassal, c'est-à-dire s'il lui a accordé délai pour l'hommage et qu'il n'ait aucun motif raisonnable de le troubler (2).

Toutefois lorsqu'une église ou communauté religieuse a acheté un fief et que le seigneur du fief a reçu ladite église ou communauté à rendre foi et hommage pour ce fief, le seigneur ne perd pas par là le droit de l'obliger à mettre le fief acquis hors de ses mains dans l'an et jour de l'acquisition, si l'acquêt n'a pas été amorti de son consentement. Faute par l'acquéreur d'obéir à l'injonction, le seigneur peut saisir le fief acquis et le mettre en sa main (3).

Le vassal ne prescrit point contre son seigneur, ni le seigneur contre son vassal. Le vassal peut retourner à son fief et le seigneur recouvrer sa suzeraineté après l'expiration du

(1) Comparez : *Décisions de Jean Desmares*, 193; — Coutumes notoires du Châtelet de Paris, 134.

(2) Voir M. Buche, p. 12.

(3) L'ordonnance de Charles VII sur les amortissements, relatée aux f°° 16 et 47 de notre manuscrit, élève la quotité de l'amortissement au tiers des biens acquis par l'église, tandis que la coutume de Touraine le porte au cinquième seulement (*Extract. e libro nigro cameræ computorum domni Regis*). — Jean Desmares, 202. — Grand Coustumier, L. II, ch. 21.

délai ordinaire de la prescription. Le vassal eût-il même laissé passer un délai de quarante ans sans offrir l'hommage au seigneur pour le fief saisi par celui-ci, il pourra recouvrer son fief en remplissant ses devoirs féodaux. *Vice versa* si le vassal a joui pendant ce long délai de son fief, sans rendre hommage, le seigneur peut encore en recouvrer la mouvance (1).

Notre auteur parle aussi du relief ou rachat dû au seigneur du fief dominant en cas de mutation de vassal. On connaît l'origine de ce droit. Le fief était censé tomber par la mort du titulaire et, dans l'origine, il devait même faire retour au seigneur dominant; l'héritier du vassal devait le relever et en recevoir une nouvelle investiture; il payait au seigneur le droit de relief ou rachat ainsi appelé parce que le vassal relevait ou rachetait le fief (2).

Quand le nouveau vassal veut relever son fief il doit offrir au seigneur, duquel le fief est tenu, trois choses à choisir : une somme d'argent, le revenu d'une année du fief, avec un marc d'argent ou le *regart de bonnes gens* (une somme à fixer à dire d'expert) (3). Le seigneur ne peut prendre le marc d'argent qu'avec le revenu du fief, mais non s'il choisit la somme d'argent. S'il a préféré le revenu du fief, il fait les fruits siens non seulement pendant l'année, mais jusqu'à ce que le marc d'argent lui ait été payé. Le marc d'argent n'est dû que si la valeur du fief est supérieure à dix livres.

En ligne directe et à égalité de degré l'héritier mâle, quand il paye le relief, en affranchit sa cohéritière non mariée : « car tant qu'elle est à marier elle est franche de soi. » Mais il n'en est pas de même en ligne collatérale ou lorsque l'héritière est mariée. Quand un père ou une mère marie sa fille et lui donne un fief en dot, le mari n'est pas tenu de relever le fief au cas où ladite femme a un frère, par la double raison que le fief vient de la ligne directe et que le frère en acquittant le relief affranchit sa sœur. Mais cet affranchissement n'a lieu qu'une fois seulement. S'il échoit ultérieurement à la fille des fiefs du côté de son père ou du côté de sa mère, son mari est

(1) Comp. Jean Desmares, décis. 198.
(2) Grand Coustumier, L. II, ch. 19.
(3) Jean Desmares, décis. 287. — Grand Coustumier, L. II, ch. 27.

tenu de les relever ; le paiement fait par son frère ne l'acquitte
qu'une fois. Le mari paie le relief quand il n'y a pas de frère.
En cas de second mariage le nouveau mari est tenu de relever
le fief qu'il tient du chef de sa femme, lors même qu'il aurait
été déjà relevé par le premier mari (1).

Si quelqu'un donne en dot à sa fille des biens non hommagés et que cette fille recueille un ou plusieurs fiefs dans la
succession paternelle, le mari n'est pas tenu de les relever si
la femme a un frère « car par icelui serait la sœur franchie. »

Pour une donation de fief faite simplement et purement, il
n'y a pas lieu à rachat.

Quand un fief est légué à un lieu religieux ou aux pauvres,
il n'est point dû de relief, *selon l'opinion d'aucuns ;* ce qui nous
montre que la question était controversée.

Le quint denier ou cinquième du prix d'achat se paie au
seigneur dominant au cas de vente d'un fief relevant de lui (2).
Il doit être payé sur les deniers du prix de la vente des héritages tenus en fief et vendus, à moins que le vendeur par
convention expresse n'ait retenu son prix franc : « car de tout
qui paie les deniers francs au vendeur, il achète moins le
fief. » Cette disposition est contraire à nos usages d'après
lesquels les droits de mutation sont à la charge de l'acheteur.
Mais il en était autrement en matière de ventes de censives.

Outre le quint denier on payait aussi le requint ou quint
du quint, c'est-à-dire le vingtième du prix de vente, en tout
24 0/0 ; ce qui était un droit énorme et en quelque sorte pro-
hibitif, pour la vente des fiefs.

On ne cumule pas le rachat et le quint, si ce n'est au cas
où un vassal ayant vendu un fief vienne à mourir avant que
l'acquéreur soit en foi et hommage, c'est-à-dire n'ait rendu
hommage. Les héritiers du vendeur sont tenus alors de payer
le rachat parce qu'ils entrent en foi et hommage du fief
vendu, et le quint denier à cause de la vente convenue par
leur prédécesseur et qu'ils sont tenus de parfaire (3). Deux

---

(1) Grand Coustumier, L. II, ch. 27, 30.
(2) Constitutions du Châtelet de Paris, § 1. — Jean Desmares, décis. 201.
— Grand Coustumier, L. II, ch. 25.
(3) Jean Desmares, décis. 200. — Grand Coustumier, L. II, ch. 30.

principes de l'ancien droit reçoivent leur application dans cet
article : la précarité de la possession féodale qui n'est fixée
sur la tête de l'acheteur que par la foi et l'hommage suivis de
l'investiture du suzerain ; d'autre part, le caractère personnel
du droit produit par le contrat de vente, qui ne transfère pas
la propriété de l'objet vendu, mais oblige seulement le vendeur ou son représentant à la transférer ultérieurement.

D'autre part, celui qui détient un fief à titre d'achat ou autrement, avant d'avoir rendu foi et hommage n'est pas tenu
de répondre devant le seigneur duquel le fief est tenu comme
devant son seigneur propre, parce qu'il n'est pas encore vassal de celui-ci, tant qu'il n'est pas entré en foi et hommage.
Le contrat féodal n'est formé entre le seigneur et son vassal
que par la prestation de l'hommage et par l'investiture. Jus-
que-là il n'y a pas de lien de droit entre eux.

Le vassal non encore investi peut *se jouer de son fief* (l'aliéner) sans que le seigneur en ait aucun émolument : « Et pour
« ce dit on que le vassal peut son fief vendre, ne le seigneur
« à cause de ce naura aucun profit jusques au vest. » Le seigneur ne peut intenter l'action en complainte contre le vassal
si ce n'est au cas où l'acheteur du fief percevrait les fruits et
émoluments du fief en fraude dudit seigneur, et non le vassal.

Le seigneur en cas de vente du fief a droit d'exercer le retrait féodal sur le domaine relevant de lui à titre féodal, en
remboursant à l'acquéreur le prix d'achat.

Les rapports du seigneur dominant et de son vassal propriétaire du fief servant ont été résumés par Loisel dans cette
maxime énergique et pittoresque : « Tant que le seigneur dort,
« le vassal veille et tant que le vassal dort, le seigneur veil-
« le (1). »

L'avantage reste au plus vigilant, à celui qui sait le mieux
défendre et faire valoir ses droits. Les dispositions que nous
venons d'analyser ne sont que le développement et la preuve
de cette maxime de notre vieux droit coutumier.

Après avoir exposé les règles établies par notre auteur sur
les rapports du seigneur et du vassal tenant à foi et hommage,

(1) Loisel, *Institutes coutumières*, L. IV, tit. III, r. 376 (édition Dupin et
Laboulaye).

nous allons examiner celles qui concernent les tenures en censive.

II. — *Des censives* (1).

Il faut remarquer d'abord que la plupart des censives comprises dans le ressort de la prévôté de Paris, ou du moins une très grande partie étaient des maisons d'habitation ; ce qui s'explique par la grande extension qu'avaient déjà prise la ville de Paris et ses faubourgs au moyen-âge. Un historien du xiiie siècle nous rapporte que Philippe-Auguste ayant fait entourer de murailles toute la partie de Paris située au sud de la Seine, renferma dans cette enceinte une grande étendue de terrains vagues et obligea les possesseurs de champs et de vignobles à louer à des habitants pour y bâtir de nouvelles maisons, ou bien d'en faire construire eux-mêmes, afin que toute la ville jusqu'aux murs parût pleine de maisons (2).

En cas d'acensement le preneur ou acquéreur n'a pas besoin du *vest* et *devest* ou saisine du seigneur pour être propriétaire et légitime possesseur de la chose par lui acquise (3). Il est suffisamment saisi par la tradition des lettres sur ce faites. Le bailleur retient toujours la seigneurie directe de la chose baillée à cens, et, si elle tombe en commise, il peut la reprendre, la rente se confond alors avec le capital et il en jouit incommutablement.

Le concédant est privilégié et lorsqu'il y a plusieurs censiers, au cas où l'objet est abandonné, il est préféré aux autres pour reprendre la propriété, quelles que soient les réparations ou améliorations faites par le censitaire, *quia dominus est*.

Le débiteur de cens ou de rente qui veut se dégager a droit de renoncer à la propriété de l'immeuble soumis à cette rente. La cession doit se faire en jugement, les censiers dûment appelés ; le renonçant paie tous les arrérages, voire même le

____

(1) *De circa censum consuet.* — Voir M. Buche, p. 36 et suiv.

(2) Guillaume Le Breton, *Vie de Philippe-Auguste*, trad. Guizot, t. XI, p. 250.

(3) Le *vest* et le *devest* sont mentionnés par les Constitutions du Châtelet. Celui qui a reçu le vest a la saisine et doit être garanti par son vendeur (§§ 32, 35, 36, etc.). — Voir aussi : Jean Desmares, décis. 189 ; — Coutumes notoires, 124. — Grand Coustumier, L. II, ch. 23.

terme qui suivra la date de la renonciation, c'est-à-dire un
terme en avance. Si les censiers font défaut, quoique dûment
convoqués, le cédant doit consigner *cum effectu* lesdits arrérages. Faute d'accomplir ces obligations la renonciation n'est
pas valable (1).

Le propriétaire doit tenir sa maison ouverte et garnie par an
et par jour; en remplissant cette obligation, il acquiert
saisine de franchise contre le censier. L'année écoulée, celui-
ci ne peut plus faire saisir-gager pour le paiement de sa rente,
à moins qu'il n'ait été payé avant l'expiration de l'an et jour :
*quia amisit possessionem pignorandi, cum interdicta sunt ana-
lia*. Mais le droit du censier ne se prescrit point tant que la
maison soumise au cens reste vide, c'est-à-dire abandonnée
et dégarnie de meubles. Si plus tard la maison est garnie il a
un délai d'an et jour à partir du moment où elle a été garnie
et habitée (dedans l'an de la garnison d'icelle, dit notre texte),
pour procéder par voie de gagerie et pour se faire payer des
arrérages de sa rente, quelle que soit la durée du temps pendant lequel la maison est restée vide (2). D'où résulte que la
prescription d'an et jour suffit contre le censier quand la maison est habitée et garnie de meubles, mais qu'elle court seulement à partir du moment où la maison est garnie.

Si deux censiers prennent rente sur une maison vide et que
l'un des censiers soit premier et l'autre dernier, le dernier
est tenu de garnir pour la conservation du droit du premier,
tant pour le passé que pour le présent et pour l'avenir. Il a
pour l'accomplissement de cette obligation un délai de quarante
jours. S'il ne le fait, il est privé de son droit *ex nunc prout
ex tunc*, et, en perdant son droit, il est quitte de tous les
arrérages. Mais le propriétaire est tenu de payer tous les arrérages jusqu'à ce qu'il ait fait une renonciation spéciale et suffisante. Car, par la coutume, les propriétaires sont tenus de

(1) Comp. Coutumes notoires, 70, 96-98, 171. — Jean Desmares, décis.
183. — Grand Coustumier, L. II, ch. 51.

(2) Les Constitutions du Châtelet donnent le droit à celui auquel un cens
est dû d'exiger que la maison soit garnie par le propriétaire pour assurer le
paiement du cens (§§ 35, 45, 66). — Le censier qui a laissé passer l'année
sans toucher sa rente et sans la réclamer a perdu la saisine de sa rente (id.,
§§ 62, 63). — Voir aussi : Coutumes notoires, 179, etc.

payer et acquitter les charges réelles de leurs héritages et ne peuvent être poursuivis personnellement (1).

Quand deux censiers ont au contraire droit égal sur une maison vide, ils ne peuvent s'unir l'un à l'autre afin de la garnir ou de la quitter; il faut que le demandeur soit *potior quod non esset in casu isto*. C'est-à-dire que le demandeur pour être préféré doit faire preuve d'un droit supérieur à celui des autres créanciers; l'égalité ne suffit pas.

Si un homme qui a rente sur une maison vend une partie de cette rente, la part vendue est et devient première. Celle qu'il a réservée reste dernière et soumise à la première, quand il y a obligation, si en opérant la vente, il n'en a pas fait mention. Le but de cette disposition est évidemment d'éviter les fraudes et les surprises. Il est juste que le vendeur en cédant une portion de sa rente et en s'en réservant une autre portion ne puisse garder son privilège d'ancienneté, sans une expresse réserve qui fasse connaître la situation à l'acquéreur. Les cessions de rentes étaient ce que sont aujourd'hui les transferts d'obligations. Or, quand on fait un transfert on subroge l'acquéreur dans les privilèges du vendeur.

Lorsqu'un censier fait vendre à la criée, en vertu du privilège des bourgeois de Paris, une maison pour paiement d'une rente à lui due, tous les créanciers ayant droit de rente sur cette maison doivent faire leur opposition dans les quatre quarantaines, à peine de perdre leur droit. Cette obligation s'applique à tous créanciers sans distinction, églises, pupilles ou autres, au roi lui-même, *selon aucuns*, dit notre auteur.

En cas de vente d'une censive, le droit de ventes est dû au seigneur duquel relève l'immeuble vendu; mais pour l'acensement ou l'échange fait but à but, c'est-à-dire objet pour objet, il n'est pas dû de droit de ventes, *quia non est emptio nec venditio* (2).

Le droit de ventes est ouvert au profit du seigneur par l'effet seul de la vente, en matière de censives, et sans attendre *vest ne devest*, tandis que pour les fiefs, les droits utiles ne sont

----

(1) Comp. Jean Desmares, décis. 224, 225. — Cout. notoires, 115. — Grand Coustumier, L. II, ch. 31.

2) Jean Desmares, décis. 197.

dus au seigneur dominant qu'au moment de l'investiture. Le
droit de ventes pour l'acquisition d'une censive est à la charge
de l'acquéreur et non à celle du vendeur comme pour les ventes de fiefs (1).

Le retrait seigneurial n'a pas lieu, dans la Prévôté de Paris,
pour la vente des censives. Quand un propriétaire vend une
chose tenue en censive, le seigneur de qui elle est tenue ne
peut la reprendre en remboursant le prix, comme cela se pra-
tiquait pour les fiefs (2).

Il ne faut pas oublier que la Coutume de Paris, dès le xv^e
siècle, distingue quatre sortes de justices : la haute, la moyenne,
la basse et la foncière, entièrement distinctes. Les trois premiè-
res sont contentieuses ; la dernière est purement fiscale. Elle
donne le droit à celui qui la possède de percevoir le cens sur ses
sujets, avec les amendes du cens non payé, les ventes et les
saisines, d'avoir sergent pour exécuter sur son fonds, et
faire *mettre le gazon en sa main ou l'huys hors des gonds* pour
défaut de paiement des ventes d'un héritage ou d'une maison ;
mais ce seigneur justicier n'a pas de juridiction proprement
dite (3). Il en était autrement dans les coutumes de l'Ouest
qui confondaient la basse justice et la foncière.

On voit aussi la distinction de la seigneurie directe et de la
seigneurie utile apparaître dans les textes de la même époque ;
le seigneur féodal ou foncier est seigneur direct ; le propriétaire du fonds est appelé seigneur domanier.

III. — *Puissance paternelle.* — *Bail et garde.*

Notre auteur énonce au sujet de la puissance paternelle, un
principe qui paraît singulier sous la plume d'un légiste parisien du xve siècle. « Si aucune chose, dit-il, est donnée à en-
« fant estant en la puissance de son père, la chose donnée est
« acquise au père quant à la propriété et usufruit, si ce n'est
« au cas que icelle chose lui aurait été donnée pour certaine

---

(1) *De circa feudorum consuet.* — Le droit de ventes est souvent mentionné
dans les Constitutions du Châtelet (§§ 82, 86, etc.). — Coutumes notoires,
128. — Jean Desmares, décis. 190, 205.

(2) *De circa feudorum consuet.* — Jean Desmares, décis. 204.

(3) Grand Coustumier, L. II, ch. 8, 9, 10, 11.

« cause (1). » Présentée sous une forme aussi absolue, cette disposition paraît empruntée au droit romain. On trouve bien, il est vrai, dans les anciens textes relatifs à la coutume de Paris, un usage d'après lequel tout ce que les enfants acquéraient durant le mariage appartenait aux père et mère, c'est-à-dire à la communauté, sans que pour cela ils fissent *compagnie* avec lesdits père et mère. Il en était de même après la mort de l'un des époux ; ce que les enfants acquéraient appartenait au survivant sans qu'il y eût communauté (2). Mais ce droit n'est pas exclusif pour le père, comme il l'était dans le droit romain ; il est commun au père et à la mère, et à la mort du père, il reste à la mère survivante. Ce système n'a rien de commun avec la *patria potestas* romaine et repose sur des principes tout différents. On tenait à Paris, comme dans toute la région coutumière, que « puissance paternelle n'a lieu. » La mainbourde, institution d'origine germanique et non romaine, est encore mentionnée dans des chartes du cartulaire de Notre-Dame de Paris, du xiiiᵉ siècle. Je ne puis voir dans le passage de notre auteur qu'une fausse interprétation des textes qu'il avait sous les yeux ou une tentative pour introduire à Paris un régime emprunté au droit romain ; ce n'est que l'opinion personnelle d'un jurisconsulte nourri du Code et des Pandectes et qui cherche à en faire prévaloir le système. Cette opinion resta du reste isolée, car rien de semblable ne fut adopté par les rédacteurs de la Coutume de 1510.

Notre auteur s'occupe aussi du bail et de la garde et résume les principes du droit coutumier parisien sur ce sujet.

Entre nobles, la garde du mineur appartient aux père, mère, aïeul ou aïeule ; à défaut d'ascendants les collatéraux, frères, sœurs, oncles et autres ont le bail de leurs frères, sœurs, neveux et cousins. Ils font leurs les fruits des héritages du mineur, mais ils doivent payer ses dettes et entretenir ses héritages (3).

Le baillistre doit le rachat au seigneur pour les fiefs échus au mineur dont il a le bail, et pour lesquels le mineur lui-même

(1) *De circa communionem quærendam.*
(2) Sentence du Parloir aux bourgeois, du 8 juin 1293. — Jean Desmares, décis. 248. — Grand Coustumier, L. II, ch. 40, p. 371.
(3) *De circa gardiam conruel.* — Jean Desmares, décis. 256. — *Coutumes notoires,* 157. — Grand Coustumier, L. II, ch. 27, 41.

aurait payé ce droit s'il eût été en âge. Il est exigible pour les fiefs provenant de succession de frère ou de sœur. La mère qui a la garde de ses enfants y est tenue pour les biens hommagés qui leur sont échus de la succession de leur père (1).

Dans la ville et les faubourgs de Paris, les père, mère, aïeul ou aïeule ou autres ascendants ont la garde de leurs enfants et descendants mineurs, et font leurs les fruits des héritages desdits mineurs, sans être tenus d'en rendre compte. Mais ce droit n'existait que dans la ville et les faubourgs de Paris et non ailleurs, c'est-à-dire qu'il ne s'exerçait point sur le surplus du territoire de la Prévôté et vicomté de Paris.

Le gardien du mineur roturier n'est pas tenu de l'acquitter des dettes de ses auteurs, ni de soutenir ses héritages. La garde dure autant que la minorité du pupille (durant leur mineur âge); elle a lieu entre gens de poeste, tandis que le bail n'a lieu qu'entre nobles (2).

La garde finit pour le père, comme pour les autres gardiens, à la majorité du pupille. Ceci n'a plus rien de commun avec la *patria potestas* du droit romain, qui durait autant que la vie du père, et qui ne pouvait cesser que par un acte d'émancipation émané de sa propre volonté.

La majorité des nobles est fixée à vingt-deux ans pour les choses nobles et tenues en fief; mais pour celles tenues en villenage, elle a lieu dès l'âge de quatorze ans. Les enfants de poeste sont majeurs à quatorze ans, sans distinction (3). Les filles, nobles ou roturières, sont en âge dès douze ans, époque de la nubilité d'après le droit canonique (4).

Notre auteur traite du reste toute cette matière d'une manière fort succincte.

(1) *De feudorum consuet.* — Desmares, décis. 206. — Grand Coustumier, L. II. ch. 27.

(2) *De circa gardiam consuet.* — Coutumes notoires, 25, 28. — Jean Desmares, décis. 281. — Grand Coustumier, L. II, ch. 41.

(3) Le texte porte XIII ans; mais c'est une faute évidente de transcription; plus loin, en fixant la majorité des enfants nobles à XIV ans pour les terres tenues à censive, il ajoute en effet : « comme dessus est dit. »

(4) *De circa gardiam consuet.* — Jean Desmares, décis. 249. — Grand Coustumier, L. II, ch. 25, 42.

IV. — *Puissance maritale.* — *Communauté conjugale.*

D'après tous nos anciens documents, le mari est seigneur et maître des biens meubles et conquêts immeubles composant la communauté ; il peut les vendre, aliéner, hypothéquer, engager, dénaturer comme bon lui semble, tant que dure la communauté et plaider sur ces biens sans le concours de sa femme. La seule restriction mise à son droit c'est qu'il ne peut disposer à cause de mort que de la moitié des biens communs qui doit lui revenir et ne peut porter préjudice au droit de sa femme sur l'autre moitié, droit qui ne s'ouvre qu'à son décès (1).

Notre document renferme sur ce sujet la disposition suivante :

« Et sachez que XX ans à passés l'on disait en la ville et vicomté de Paris que le mari durant le mariage pouvait aliéner les conquêts meubles et immeubles et obliger et demener en jugement sans le consentement de sa femme. Mais depuis iceux XX ans on tient et use bien communément le contraire ès conquêts immeubles quant à demener en jugement (2). » Si la date de la décision à laquelle notre auteur paraît faire allusion en ce passage, était connue, cela permettrait de préciser l'époque de la rédaction de son travail.

Cette disposition du reste paraît fort singulière ; elle est contraire aux *Décisions de Jean Desmares* et aux *Coutumes notoires du Châtelet* qui donnent au mari le droit non seulement de disposer et d'ordonner des conquêts communs sans le concours de sa femme, mais aussi « d'ester sur iceux en jugement (3). » Le droit de *demener en jugement* sur les conquêts a été consacré par toute la jurisprudence des xive et xve siècles et maintenu par la coutume de Paris (4). Ce passage peut s'expliquer de deux façons : ou par une jurisprudence

(1) Jean Desmares, décis. 35, 70, 152, 290. — Coutumes notoires, 14, 175.

(2) *De circa successionem consuetud.*

(3) Coutumes notoires, 175. — Comp. Jean Desmares, décis. 70 et 152. — Ces décisions reposent sur une enquête du mois d'avril 1373.

(4) Cout. de Paris, art. 107 et 108 de la rédaction de 1510.

admise momentanément et abandonnée au bout de quelques
années (1), ou par une confusion faite par notre auteur entre
le droit du mari sur les conquêts et son droit plus restreint
sur les propres de la femme. D'après les *Constitutions du Châtelet*, le mari peut demander en justice biens meubles pour sa
femme, en l'absence de celle-ci, mais non les héritages. Jean
Desmares s'exprime ainsi sur le même sujet : « nul ne peut
« demener le héritage de sa femme en jugement, sans son
« congié et sans estre icelle femme ou procès, en cas pétitoire,
« mais ce pourrait-il en cas possessoire, » etc. Les coutumes
notoires disent aussi : « homme qui a femme espouzée peut
« bien demener en jugement la saisine et possession des héri-
« tages de sa femme durant le mariage (18 janvier 1371) » (2).
Du rapprochement de tous ces textes je suis porté à croire
que notre auteur sur ce sujet, comme sur celui de la puissance
paternelle, a commis une confusion et ne nous a pas présenté
exactement le sens des décisions judiciaires dont il s'est servi.
Mais poursuivons notre exposé.

La femme doit être tenue de l'obligation contractée par le
mari à son préjudice, parce que, dit notre auteur, en cas de
retrait la femme est ajournée avec le mari par le lignager du
vendeur qui veut exercer le retrait contre les époux acqué-
reurs (3). Puis il ajoute : « il semble que l'on doive tenir ce
« que l'on tenait passé à xx ans, parce que pour le délit du
« mari les conquêts meubles et immeubles sont confisqués en
« entier, soit par la justice royale, soit par autre justice (4). »
Il serait inique en effet de confisquer la totalité des biens
communs pour le délit personnel du mari, si la femme en
avait la moitié du vivant même de celui-ci. Un autre passage
de notre auteur dit en effet : « Si le mari d'aucune femme
est exécuté pour ses démérites, il forfait tous les meubles et
les conquêts, ne n'en aura riens icelle femme (5). » Le mari

(1) J'ai parcouru le Recueil des *Olim*, sans y trouver de traces de cette
jurisprudence.
(2) Jean Desmares, décis. 20. — Coutumes notoires, 161. — Constitutions
du Châtelet, §§ 25, 39, 80.
(3) Coutumes notoires, 188.
(4) *De circa successionem consuetud*. — Jean Desmares, 246.
(5) *De consuetud. et privilegiis fisci.*

en est donc seul propriétaire. Mais n'en a-t-il pas toujours été de même sous l'ancien droit? et quel est le sens de ce changement de jurisprudence sur les droits du mari relativement aux conquêts immeubles, auquel notre auteur fait allusion à deux fois différentes?

Par contrat de mariage il y a communauté acquise entre l'homme et la femme, de meubles et conquêts faits depuis le mariage, comme de dettes ou obligations contractées soit depuis, soit même avant le mariage (1). Les mots *contrat de mariage* veulent dire ici le mariage lui-même, car il n'a jamais été nécessaire à Paris de stipulations spéciales pour établir le régime de la communauté entre les époux. Notre texte signifie que la communauté existe de plein droit comme conséquence immédiate du contrat matrimonial qui a uni les deux époux; la cohabitation n'est pas exigée comme sous l'empire de quelques autres coutumes.

Il faut remarquer aussi la disposition d'après laquelle toutes les dettes, même contractées avant le mariage, deviennent communes. Toutefois, en cas de confiscation, la femme n'est pas tenue envers les créanciers de son mari de la moitié des dettes (2); ce qui est juste, puisque dans ce cas elle perd toute sa part des biens communs.

En cas de second mariage, les enfants issus de cette nouvelle union prennent les meubles et les conquêts faits pendant sa durée, après le trépas de leur père ou mère, et les enfants du premier mariage n'y ont aucun droit (3).

Toutefois, si après la mort du père ou de la mère, un mineur ayant des meubles demeure par an et par jour avec le survivant sans qu'il ait été fait inventaire, partage ou divi-

(1) *De consuet. circa communionem quaerendam.* — Jean Desmares, décis. 161, 267. — Coutumes notoires, 19.

(2) *De consuet. et privilegiis fisci.* — Coutumes notoires, 94. — Jean Desmares, décis. 247,

(3) *De circa successionem consuet.* — D'après les Constitutions du Châtelet, à la mort de leur mère, les enfants prennent sa part et le père garde le domaine en usufruit; en cas de second mariage, les enfants du deuxième lit prennent aussi la part de leur mère; ceux du premier lit reprennent le domaine à la mort du père, et les enfants des deux lits partagent comme frères et sœurs la succession de leur père (§ 26).

sion, et sans qu'on lui ait fait nommer tuteur ou curateur, il acquiert communauté, s'il lui plaît, avec ledit époux survivant. Si celui-ci se remarie la communauté se continue pour les meubles et conquêts entre l'enfant du premier mariage, son père ou sa mère remariée et le second époux ; il y a alors trois têtes et la communauté se partage par tiers ; l'un à l'enfant du premier lit, l'autre à son auteur survivant et remarié et le troisième au second époux, parâtre ou marâtre (1).

Le système de la continuation de communauté, qui n'a été admis qu'assez tardivement à Paris (2), se concilie difficilement avec les dispositions de l'ancien droit parisien d'après lesquelles les père et mère ou le survivant acquéraient par leurs enfants, *sans qu'il y eut compagnie entre eux.*

La femme noble peut renoncer à la communauté ; en abandonnant son droit aux meubles et conquêts, elle est déchargée de la moitié des dettes. Mais si la femme roturière renonce aux meubles et acquêts, elle n'est pas pour cela déchargée du paiement de la moitié des dettes : « de laquelle chose ne « seroit pas déchargée, si elle estoit nón noble (3). »

Il faut remarquer deux choses sur cet article : d'abord que la femme non noble, même en renonçant, n'est pas exempte des dettes, en second lieu que ce passage est placé sous la rubrique des successions, comme dans les coutumes de l'Ouest ; c'est un souvenir du droit coutumier primitif, d'après lequel la femme prend les meubles et acquêts plutôt à titre d'héritière du mari qu'en qualité d'associée.

Les frais et charges concernant les funérailles de l'époux trépassé sont dans la ville et vicomté de Paris, à la charge de ses enfants et non de l'époux survivant. Si celui-ci donne ou souffre qu'il soit pris pour y pourvoir quelque part des biens communs, cette avance sera comptée et rabattue sur la

(1) *De consuet. circa communionem quærendam.* — Grand Coustumier, L. II, ch. 40.

(2) M. Buche a montré que la continuation de communauté entre l'époux survivant et les enfants du prédécédé, entre ceux-ci et le second époux ne s'était établie à Paris que vers la fin du xive siècle (*Essai sur l'ancienne coutume de Paris*, p. 94).

(3) *De circa successionem consuet.* — Lecoq, quest. 131, cité par M. Buche, p. 92. — Grand Coustumier, L. II, ch. 41.

2

part et portion des enfants et héritiers, en faisant le partage
des biens communs entre eux et l'époux survivant (1).

V. — *Du douaire.* — *Du don mutuel entre époux.*

La femme, d'après la Coutume de Paris, a droit, tant entre
nobles qu'entre roturiers, de prendre pour douaire la moitié
des immeubles de l'homme, soit propres ou acquêts, qui lui
appartiennent au jour du mariage ou qui lui échoient durant
le mariage par succession en ligne directe, mais non des
biens qui lui proviendraient par succession collatérale. Si la
femme a reçu au moment du mariage un douaire exprès,
c'est-à-dire conventionnel, elle n'a pas droit au douaire légal
et ne peut rien demander en sus de ce qui lui a été promis
par convention (2).

Aussitôt après la mort de son mari, la veuve est saisie du
douaire coutumier; elle en a la possession sans être obligée
d'en demander délivrance aux héritiers du mari. Il n'en est
pas de même du douaire constitué par convention; la veuve
n'en a pas la saisine de droit, elle doit en demander délivrance aux héritiers et le douaire ne court qu'à partir de la
demande.

Le douaire est le propre héritage des enfants de chaque
lit; les parents ne le peuvent aliéner ni forfaire à leur préjudice. Au cas même de confiscation pour crime de lèse-majesté,
les enfants ne peuvent en être privés (3).

La condition sociale du mari est sans influence en ce qui
concerne la qualité du douaire légal ou coutumier; il n'en est
pas de même lorsque le douaire a été constitué par convention spéciale. Le noble peut assurer à sa femme un douaire
inférieur à la moitié de ses biens, mais il ne peut lui donner

(1) Paragraphe dernier, sans rubrique. — Comp. Jean Desmares, décis.
181. — Coutumes notoires, 70.

(2) Les Constitutions du Châtelet fixent aussi le douaire à la moitié des
biens du mari, à moins de convention contraire; le douaire reste propre
aux enfants (§ 26). — Comp. Coutumes notoires, 51, 59. — Jean Desmares,
décis. 175. — Grand Coustumier, L. II, ch. 32.

(3) Jean Desmares, décis. 283. — Coutumes notoires, 82. — Grand Coustumier, L. II, ch. 32, 40.

davantage. Le non-noble a le droit au contraire de douer sa femme de plus de la moitié de ses héritages (1).

L'homme ne peut durant le mariage ni constituer un douaire à sa femme, ni s'obliger envers elle pour cause de douaire (2).

Les dons à cause de mort sont interdits entre époux pendant le mariage; ils ne peuvent rien se donner l'un à l'autre par testament soit directement, soit indirectement. La seule disposition permise est le don mutuel entre-vifs de leurs meubles et conquêts seulement; toute autre disposition est prohibée (3).

VI. — *Des successions.*

Il faut distinguer, en ce qui regarde les successions, entre les règles générales à toutes sortes de successions et les règles spéciales soit à la condition des terres, soit à celle des personnes.

Quand un défunt, noble ou roturier, possédant des fiefs laisse des fils et des filles, l'aîné des fils vivant au moment du décès du père ou de la mère prend la moitié de tous les fiefs avec un arpent de terre environ. S'il n'y a que deux fils et si le défunt laisse plusieurs fiefs, l'aîné prend les deux tiers des fiefs avec le principal manoir et l'arpent de terre; il en est de même s'il n'y a qu'un fils avec plusieurs filles (4).

La succession des biens tenus en censive est réglé tout autrement; la division s'en opère sans droit d'aînesse et par parts égales, sans égards à la condition du *de cujus* (5).

(1) Jean Desmares, 187, 218. — Coutumes notoires, 59.
(2) *De circa dotem consuet.* — Jean Desmares, décis. 219.
(3) *De circa successionem consuet.* — Coutumes notoires, 58. — Jean Desmares, décis. 235. — Grand Coustumier, L. II, ch. 32.
(4) *De feudorum consuet.* D'après les Constitutions du Châtelet si le défunt laisse plusieurs enfants et qu'il y ait fief franc (noble ou hommagé) dans la succession, le fils aîné mâle le doit tenir et avoir en sa seigneurie et faire la garde de ses frères et sœurs et les assurer (§ 55). — Cette disposition me paraît se rapporter au système primitif de la féodalité et n'admettre ni le partage du fief, ni la distinction ci-dessus établie suivant le nombre des enfants. Cette distinction n'aura problablement été introduite qu'à une époque postérieure à la rédaction des Constitutions. Elle est au contraire admise par le Grand Coustumier (L. II, ch. 27).
(5) « Et se le né est vilain chascuns en doit avoir sa partie » (Constitutions

Remarquons ici le caractère à la fois réel et féodal du droit d'aînesse à Paris; il ne porte que sur les fiefs et non sur les censives; mais il s'applique à tous les domaines hommagés tant entre nobles qu'entre roturiers; il dépend de la condition des terres et non de celle des personnes. C'est l'inverse du système adopté en Anjou et en Touraine.

L'enfant mâle, en ce qui concerne la succession des fiefs, est réputé plus âgé que sa sœur, lors même qu'il serait en réalité plus jeune. Le privilège de masculinité prime celui de primogéniture lorsque des fils et des filles sont appelés ensemble à succéder (1).

Le privilège de masculinité n'a lieu qu'à égalité de degré. En ligne collatérale à degré égal, la femme est exclue de la succession du fief s'il y a hoir mâle et que le fief descende du côté auquel ils appartiennent tous les deux; mais la femme succède, dans la même ligne, lorsqu'elle est d'un degré plus proche que l'héritier mâle (2).

Lorsque la succession échoit à des filles seulement en l'absence d'héritier mâle, il n'y a pas lieu au droit d'aînesse, tant en ligne directe qu'en ligne collatérale. A degré égal, toutes les filles succèdent aux fiefs comme aux censives, par parts égales (3).

Nous allons parler maintenant des règles de droit commun, relatées par notre document.

Si quelqu'un vient à mourir sans enfants laissant pour héritiers ses père et mère ou l'un d'eux, avec un ou plusieurs frères, les meubles et conquêts appartiennent au père et à la mère ou au survivant des deux et les immeubles aux frères. Si le défunt ne laisse point de frères, mais des neveux, les

du Châtelet, § 65). — Le fief roturier se confond avec la censive, à Paris, et dans quelques autres pays.

(1) D'après les Constitutions du Châtelet, le fils est aussi réputé aîné de ses sœurs (§ 75).

(2) Les Constitutions du Châtelet relatent la décision suivante : un écuyer était mort, sans enfants, laissant deux sœurs mariées et mères chacune d'un fils, il fut décidé qu'elles prendraient ses fiefs et les garderaient, en qualité de baillistres, jusqu'à la majorité des fils, qui les recueilleraient alors, mais pour les partager également (§ 68). — Voir aussi Coutumes notoires, 71.

(3) *De feudorum consuet.*

père et mère ou le survivant prend les héritages et non le neveu, car ils sont plus prochains. Dans le premier cas, dit notre auteur, les père et mère succèdent à leurs enfants morts avec leurs autres enfants, frères et sœurs du décédé *égaument*, c'est-à-dire avec des droits égaux, et pour cela, la coutume donne aux père et mère les meubles et acquêts et les héritages aux frères. Mais dans le second cas, il n'en est plus de même, le neveu étant plus éloigné ne peut venir à la succession de son oncle avec les père et mère du *de cujus*.

Ce système est contraire à la règle *propres ne remontent;* pour que le père ou la mère puisse succéder aux immeubles propres de leurs enfants, il faut, d'après le système coutumier, que ces héritages proviennent du côté et ligne auxquels appartient lui-même l'héritier appelé. Il est vrai que la coutume de Paris n'exige pas que l'héritier des propres descende du premier acquéreur, comme le demande la coutume de Touraine; elle est *coutume de ligne simple* et non *de côté et ligne*. C'est ce que l'on voit très clairement dans deux sentences du Parloir aux bourgeois. D'après l'une l'aïeule paternelle est préférée au cousin paternel comme plus proche en degré, mais il faut remarquer qu'ils sont tous les deux de la même ligne; d'après l'autre sentence les aïeul et aïeule doivent être préférés pour la succession de leurs petits-enfants prédécédés aux frères et sœurs de ceux-ci *quant aux meubles et aux acquêts*, mais non pour les héritages provenant de l'autre ligne (1). Or, notre auteur ne fait point cette distinction et méconnaît complètement la règle *paterna paternis*. Il me semble encore ici s'être inspiré de principes étrangers au droit coutumier et avoir méconnu le vrai sens des décisions judiciaires qu'il interprétait.

Si le défunt ne laisse pas d'héritages propres mais seulement des meubles et acquêts, les père et mère ou le survivant les prennent en totalité et le frère n'a droit à rien parce qu'il n'y a pas d'héritages propres. Sur ce point pas de difficulté et les règles du droit coutumier sont précises et uniformes.

On voit par ce qui précède que la représentation n'était pas admise par la coutume de Paris (2). Un passage de notre au-

____

(1) Sentences du Parloir aux bourgeois de l'an 1293 et du 2 juillet 1294 (Leroux de Lincy, *Hist. de l'hôtel-de-ville de Paris*).

(2) Jean Desmares, décis. 236. — Voir M. Beabe, p. 121.

leur l'exclut formellement tant en ligne directe qu'en ligne collatérale. Toutefois on peut insérer dans un traité de mariage que les enfants à naître de ce mariage auront droit à la représentation dans la succession de leur aïeul ou de leur aïeule, père ou mère des auteurs desdits enfants.

La coutume admet la saisine de plein droit en matière de succession pour les biens roturiers, tout en réservant certaines coutumes locales qui exigent nécessairement la saisine du seigneur comme *en choses feudales*. La maxime *le mort saisit le vif* n'était donc encore admise qu'imparfaitement à Paris à cette époque (1).

Lorsqu'à leur décès les père et mère laissent pour héritiers d'une part des enfants mariés et dotés de biens communs aux époux et d'autre part des enfants *restés en celle*, c'est-à-dire sous le toit paternel et non dotés, les enfants dotés sont censés avoir renoncé tacitement à la succession des père et mère et n'y peuvent rien prétendre au préjudice des enfants demeurés *en celle*, même en rapportant ce qui leur a été donné en dot. Par le mariage ils sont mis hors de la main des père et mère, à moins que par convention expresse on ne leur ait réservé au contrat de mariage le droit de succéder à leurs auteurs avec leurs frères ou sœurs demeurés en celle, en rapportant ce qui leur a été donné en mariage (2).

Si tous les enfants ont été mariés successivement du vivant des père et mère, et qu'il n'y ait plus d'enfants restés en celle au moment du décès, ils se trouvent tous en situation égale et ils peuvent venir à la succession de leurs parents sans rapporter (3).

Il est interdit au chef de famille d'avantager un enfant ; s'il

---

(1) *De circa successionem consuet.* — Elle est admise par les Constitutions du Châtelet : « Si come le mort saisit le vif par la Coustume de Paris » (§ 12). — Comp. Jean Desmares, décis. 52. — Grand Coustumier, L. II, ch. 40.

(2) Même système énoncé dans une sentence du Parloir aux bourgeois, du 8 juillet 1290. — Mais d'autres sentences du même recueil décident aussi que le père, soit en mariant son enfant, soit par disposition de dernière volonté, peut lui conserver le droit de revenir à sa succession en rapportant ce qu'il a reçu en dot (22 août et 14 nov. 1291). — Le grand Coustumier réserve à l'enfant marié et doté le droit de revenir à la succession (L. II, ch. 40, p. 365).

(3) *De circa successionem consuet.*

a plusieurs enfants, il ne peut laisser à l'un d'eux quelque don
en sus de sa part légitime et faire sa part meilleure que celle
des autres. Cette défense ne peut s'appliquer qu'aux dispositions à cause de mort ; autrement elle serait en contradiction
avec ce qui précède.

D'autre part les héritiers du sang ont une réserve à laquelle
le testateur ne peut toucher ; il lui est interdit de disposer à
cause de mort de plus du quint de son héritage propre, au
préjudice de ses héritiers (1).

Le bâtard ne succède point dans la ville, vicomté et banlieue
de Paris. Il peut tester et disposer de ses meubles et conquêts ;
mais il n'a pas d'héritages propres, n'étant pas héritier de ses
auteurs. S'il laisse des enfants issus d'un mariage légitime
par lui contracté, ceux-ci lui succèdent. Quand ces enfants
meurent eux-mêmes sans descendants le seigneur recueille par
déshérence les héritages qui leur sont provenus de leur père ;
il exclut la mère, veuve du bâtard, parce que celle-ci n'est
pas de la ligne d'où proviennent les biens. Si le bâtard ne laisse
pas de descendants directs il a son seigneur pour unique héritier (2).

VII. — *Du retrait lignager* (3).

Si quelqu'un vend son héritage à une personne étrangère à
la famille du vendeur, le plus proche parent de la ligne d'où
provient l'héritage vendu peut le racheter en remboursant
l'acquéreur. Ce rachat ou retrait doit être opéré dans l'an de
la vente.

L'année pendant laquelle le retrait peut être exercé commence à courir immédiatement après que l'acheteur a eu la
possession et saisine de la chose vendue, du seigneur duquel
elle est tenue soit en fief, soit en censive, et non immédiatement après la vente. Cette disposition a pour objet de ne pas
permettre de céler la vente aux lignagers ; tant que la saisine

(1) *De circa successionem consuet.* — Voir Grand Coustumier, L. II, ch. 40,
p. 372.
(2) *De circa successionem consue* — Ioan Desmares, décis, 239, 247. —
Grand Coustumier, L. II, ch. 40.
(3) *De circa retractum consuet.*

n'a pas eu lieu, ils sont censés ignorer la vente; c'est pour cela que le délai d'un an ne court contre eux qu'après la saisine (1).

Le retrait est demandé en justice. Le retrayant doit offrir bourse et deniers en jugement au jour du plaid, à peine de déchéance de son droit de retrait, c'est-à-dire que les offres doivent être faites à la barre à deniers découverts. Elles comprennent le prix principal et les frais.

Il n'y a lieu à retrait que pour les propres de ligne et non pour les acquêts (2). Il ne s'applique pas lorsque l'héritage est baillé à croix de cens; mais il y a lieu à retrait pour les ventes d'héritages faites par criées, comme pour les ventes amiables.

L'acquéreur d'un bien peut revendre dans l'année de son acquisition le bien qu'il a acheté. Dans ce cas le lignager qui veut exercer le retrait doit poursuivre le tiers acquéreur. Le premier acquéreur ne peut être responsable, ni tenu à garantie s'il a fait la revente sans fraude, avant d'avoir été lui-même assigné en retrait (3).

Si l'acheteur a perçu les fruits du bien vendu, avant l'exercice du retrait, le retrayant n'a pas droit de se faire rembourser le prix des fruits et n'en rembourse pas moins à l'acquéreur évincé la totalité du prix d'achat versé par celui-ci. Il en serait toutefois autrement si l'ajournement en retrait avait été donné avant la récolte et la vue et estimation des fruits faits par le retrayant (4).

Quand l'acheteur a fait des réparations, même nécessaires, à l'objet par lui acheté, le retrayant n'est pas tenu de lui en rembourser le prix, à moins qu'elles n'aient été faites par autorité de justice. La raison en est double; l'acheteur sait que pendant la première année de sa possession, il n'est pas propriétaire définitif et qu'il peut être évincé; d'autre part parce qu'il pourrait arriver qu'un acquéreur fit des réparations

(1) Jean Desmares, décis. 207. — Coutumes notoires, 145.

(2)... « et convient que il soit du costé dont cel héritage muet soit de par l'ome ou de par la feme (*Constitutions du Châtelet*, § 46). — Voir aussi : Grand Coustumier, L. II, ch. 34. — Jean Desmares, décis. 82.

(3) Jean Desmares, décis. 257. — Coutumes notoires, 144, 145, 146. — Grand Coustumier, L. II, ch. 34.

(4) Jean Desmares, décis. 214.

trop considérables et que le retrayant serait hors d'état de rembourser. Quant aux réparations volontaires, c'est-à-dire de pur embellissement, il est au choix de l'acquéreur évincé de les abandonner au retrayant ou de les reprendre et araser, sans détériorer l'immeuble (1).

Le retrayant est tenu de payer au seigneur duquel le bien relève le droit de ventes pour son retrait; mais il n'est pas tenu de rembourser à l'acquéreur évincé le prix que celui-ci avait payé pour ventes au seigneur. L'acheteur évincé ne peut non plus répéter contre son vendeur le prix des ventes payées au seigneur (2). Mais il paraît qu'au temps de notre auteur la question était controversée; les uns disaient que le retrayant était exempt de rembourser le droit de mutation, s'il était cousin germain ou plus proche parent du premier vendeur, mais non s'il était parent à un degré plus éloigné (3). L'acheteur pouvait d'ailleurs se pourvoir contre son vendeur, en se faisant garantir par lui en cas de retrait le remboursement du prix des ventes, par stipulation expresse; faute de l'avoir fait, il perd le prix déboursé par lui au seigneur pour la mutation.

Si plusieurs cohéritiers divisent entre eux la succession d'un de leurs parents, et que par le partage on attribue à l'un d'eux un héritage qui n'est pas venu de son côté, par l'effet même du partage ce bien lui deviendra propre; de sorte que s'il le revend plus tard, ses prochains lignagers auront le droit d'exercer le retrait, quoique ce bien ne provienne pas de leur ligne.

VIII. — *Des hypothèques.* — *De la prescription.*

D'après notre coutume, l'hypothèque ne se divise point, quoi qu'il en soit autrement dans le droit romain. Si un homme oblige tous ses biens, le créancier peut suivre par l'action hypothécaire celui qu'il lui convient; il peut poursuivre les détenteurs des héritages obligés, sans s'adresser au détenteur principal.

(1) Jean Desmares, décis. 213. — Grand Coustumier, L. II, ch. 34.
(2) Jean Desmares, décis. 211.
(3) Jean Desmares, décis. 367. — Grand Coustumier, L. II, ch. 34.

Lorsqu'une maison ou pièce de terre a été criée par quatorzaines, en vertu d'une obligation dûment prouvée, le décret
baillé, toutes les dettes et obligations personnelles et même
hypothécaires grevant cet immeuble, à payer à une fois (mais
non pour cause de rentes), s'en vont avec toutes autres obligations, de sorte que l'on n'en peut faire question et l'acheteur
est en sûreté; autrement dit, le décret purge les hypothèques (1).

Si quelqu'un a hypothèque sur une maison ou pièce de terre
pour une rente annuelle et perpétuelle à lui due, et de laquelle
il est en foi et hommage, quand elle est tenue en fief, ou en
possession et saisine du seigneur, quand elle est tenue en
censive, on ne peut porter préjudice à sa rente par criée de
quatorzaines ou subhastations. Il en serait autrement au cas
où le rentier ne serait pas en foi et hommage ou en saisine
et possession de sa rente; mais il perd les arrérages (2).

La rente à vie ne se perd pas par l'effet du décret d'adjudication (3); mais les arrérages sont perdus. L'acheteur sera
toujours chargé de payer la rente à l'avenir, mais non les arrérages échus au moment de l'adjudication. Pour la rente viagère, il n'est pas nécessaire, comme pour les rentes perpétuelles, d'être entré en foi et hommage si le bien décrété est
un fief, ou d'avoir pris possession s'il s'agit d'une censive.
Quand donc un immeuble grevé d'une rente à vie est crié,
subhasté et vendu par décret et que le créancier d'une rente
viagère hypothéquée sur l'immeuble ne fait pas opposition à
la vente, il ne perd pas pour cela sa rente, lors même qu'il ne
serait pas en foi et hommage ou en possession et saisine. Pour
cause de rentes à vie, il n'est pas dû rachat.

Toute hypothèque se prescrit par dix ans, même entre absents. Il en est encore de même aujourd'hui; l'inscription doit
être renouvelée tous les dix ans.

En cas de déconfiture nul créancier n'a prérogative ni priorité sur les biens meubles. Sont toutefois dettes privilégiées
sur les meubles celles de garde, de commende ou de dépôt (4).

(1) Jean Desmares, décis. 220.
(2) Jean Desmares, décis. 221.
(3) Jean Desmares, décis. 223. — Coutumes notoires, 122, 140.
(4) *De circa ypothequa consuet.* — Jean Desmares, décis. 368. — En ce

S'il y a eu confiscation pour cause de délit, le seigneur qui recueille les biens confisqués, en vertu de son droit seigneurial, n'est pas tenu des dettes soit personnelles soit réelles du délinquant. Il n'est obligé qu'à restituer au légitime propriétaire les objets qui auraient été prêtés au délinquant ou déposés entre ses mains, ou toute autre chose étrangère qui serait trouvée avec ses biens. Mais la confiscation ne peut non plus porter préjudice aux droits des mineurs dans le cas où le débiteur sur lequel les biens ont été confisqués serait tenu envers des mineurs pour cause de tutelle ou curatelle mal administrée (1).

Les bourgeois et habitants de Paris, d'après la coutume et commune observance, ont par privilège le droit de saisir par voie d'arrêt en la ville et faubourgs de Paris les biens de leurs débiteurs forains et ceux des débiteurs de leurs débiteurs forains, pour être payés de leurs dettes « combien que elles ne « chéent en connaissance de cause. » Quiconque demeure à Paris et y occupe une maison à lui propre ou même louée peut user du privilège des bourgeois de Paris. Mais ils ne peuvent pas user de ce privilège contre les autres bourgeois ou habitants ayant leur domicile à Paris; privilégié n'use pas de son privilège contre privilégié. Pour qu'une maison sise à Paris puisse être criée en vertu du privilège susdit, il faut qu'elle soit restée pendant un an vide ou tout au moins qu'elle soit *ruineuse* (2).

Notre document s'occupe aussi de la prescription. Si quelqu'un possède un immeuble pendant dix ans entre présents et vingt ans entre absents, sans trouble, il acquiert par cette possession tout droit de seigneurie, d'hypothèque ou tout autre droit quelconque contre majeurs non privilégiés et non *horpatsés* (absents); mais il est évident qu'en ce qui concerne ces derniers, s'ils sont majeurs, on peut opposer la prescription de vingt ans (3).

qui concerne le privilège de l'hôtelier, voir Jean Desmares, décis. 176. — Coutumes notoires, 50.

(1) *De consuet et privilegiis fisci.*

(2) *De burgensium Parisiensium privilegiis.* — Constitutions du Châtelet, § 6. — Jean Desmares, décis. 238. — Coutumes notoires, 19.

(3) Les Constitutions du Châtelet admettent aussi la prescription de dix

Quand une rente est vendue sous la condition que si le lieu sur lequel elle est hypothéquée vienne à être cédé, l'hypothèque sera reportée sur un autre héritage, l'acheteur de la rente pourra poursuivre le détenteur de l'autre maison ou héritage par voie hypothécaire pour sa rente. La prescription ne commence à courir qu'après l'accomplissement de la condition, et elle est acquise lorsque le propriétaire a possédé sa maison à juste titre pendant dix ans, *quia non valente agere*. Notre auteur cite à l'appui de cette décision un arrêt rendu contre une dame Gille Dupit, au profit des Quinze-Vingts, qui avaient possédé une maison pendant vingt-neuf ans sans être troublés ni inquiétés et qui passa en autorité de chose jugée. Mais il en parle trop brièvement pour que l'on puisse juger si l'arrêt s'applique bien au cas ci-dessus (1).

A Paris, comme ailleurs, les hypothèques avaient plus souvent pour but d'assurer le paiement d'une rente que celui d'un prêt à capital exigible.

IX. — Coutumes diverses.

Nous réunissons diverses coutumes qui sont rapportées à la fin de notre document sans rubrique spéciale et sans beaucoup d'ordre. Quelques-unes sont même étrangères au ressort de Paris.

En la vicomté de Paris et villes voisines si un porc ou un autre animal pouvant faire dommage est trouvé dans une vigne, il est confisqué et acquis au seigneur. S'il est prouvé qu'il a mangé des raisins, il ne suffit pas de rembourser le dommage; pour en faire la preuve, on tue quelquefois le pourceau ou autre bête pour vérifier si elle a en effet mangé des raisins. Mais sans avoir recours à ce moyen extrême, la présence seule de l'animal dans la vigne forme contre lui une présomption suffisante. La coutume est moins sévère lorsque la bête a été trouvée faisant dommage dans un blé ou une

---

ans entre présents et de vingt ans entre absents, avec titre, ainsi que la saisine d'an et jour (§ 53). — Jean Desmares, décis. 106, 222-232. — Coutumes notoires, 99, 130.

(1) *De præscriptionum consuet.*

avoine; dans ce cas il n'y a pas lieu à confiscation et il suffit de payer le dommage, parce qu'il y a plus grand péril pour une vigne que pour un blé ou une avoine.

Le roi de France est en possession et saisine de prendre les biens des aubains, épaves et biens vacants après le décès de leurs propriétaires, en quelque lieu qu'ils soient trouvés. Notre auteur n'a-t-il voulu parler que de la vicomté de Paris, ou prétend-il étendre ce droit à la France entière, en dépit des coutumes provinciales ou locales qui réservaient aux seigneurs justiciers les droits d'aubaine, d'épaves et de déshérence? On serait tenté de le croire, tant il présente son affirmation d'une façon générale (1).

Les religieux, abbé et couvent de Saint-Denys en France sont en possession et saisine de juger toutes personnes nobles ou non nobles demeurant en leur juridiction temporelle; les personnes assignées sont tenues de répondre devant le juge temporel de l'abbaye. Ce privilège de l'abbaye de Saint-Denys avait été probablement reconnu par quelque arrêt rendu à la connaissance de notre auteur qui le rapporte ici, bien qu'il n'ait aucun intérêt pour la coutume de Paris. Bien d'autres abbayes avaient des privilèges analogues.

Ce qui suit concerne des coutumes étrangères à la prévôté et vicomté de Paris.

Par la coutume de Beauvoisis, si un vassal vend un bien hommagé à un acquéreur autre que le seigneur du fief dominant duquel relève le bien vendu, le seigneur peut retenir le fief vendu, en remboursant le prix d'achat, et, sur le prix d'achat, retenir le quint denier. Ce droit de retrait féodal n'est pas spécial au Beauvoisis; il se retrouve dans beaucoup d'autres coutumes.

Dans ce même pays de Beauvoisis, sauf en la clôture de la ville de Compiègne, la femme peut donner à ses héritiers ou à son mari, ses meubles et ses conquêts par testament, et la quarte partie de ses héritages par acte entre-vifs, s'il n'y a donation mutuelle. Ce droit est réciproque.

Au pays de Champagne, les non-nobles ne peuvent tenir

(1) Droit de déshérence au profit du seigneur, admis par les Constitutions du Châtelet (§ 67).

fief, et si un roturier se trouve en possession d'un fief, il peut être contraint par le seigneur duquel relève ce fief, à le mettre hors de ses mains. Cette coutume est un reste du droit féodal primitif.

Dans la ville d'Albelnal (1), près Soissons, d'après la coutume locale, le plus jeune des enfants prend en préciput le principal manoir de ses père et mère. Ce droit connu sous le nom de *droit de maisneté* ou de *juveigneurie*, se retrouve dans les coutumes locales de la Basse-Bretagne, dans quelques coutumes locales d'Alsace et dans plusieurs autres pays. On le croit d'origine celtique parce qu'il existait un privilège analogue dans les coutumes du pays de Galles.

On peut se demander pourquoi notre auteur parle ici de certaines coutumes du Beauvoisis, de la Champagne et d'une coutume locale du Soissonnais. Avait-il sous les yeux des décisions judiciaires confirmant ces dispositions diverses, étrangères à la Coutume de Paris? C'est assez probable, car les légistes du xv⁰ siècle n'étaient pas, comme nous le sommes aujourd'hui, épris des antiquités juridiques et ne songeaient guère aux usages qui n'auraient pu leur offrir qu'un simple intérêt historique ou de curiosité.

X. — *Conclusion.*

Le recueil de notre auteur, composé suivant toute probabilité avec des résumés de sentences rendues de son temps, n'en forme pas moins un ensemble assez complet de dispositions relatives au droit parisien. Il a fait de nombreux emprunts aux Décisions de Jean Desmares et aux Coutumes notoires du Châtelet, qu'il reproduit quelquefois presque textuellement, mais auxquelles il a ajouté d'autres dispositions prises à diverses sources. Il a classé le tout dans un ordre assez méthodique, ce qui n'avait pas encore été fait avant lui. Son opuscule est une première tentative de codification de la Coutume de Paris, bien moins étendue, mais aussi bien mieux ordonnée que le Grand Coustumier; c'est en cela que consiste

(1) Je n'ai pas trouvé le nom de cette localité dans le *Dictionnaire des villes et hameaux.*

le mérite et l'originalité de ce curieux ouvrage. S'il n'a pas
l'importance des collections de décisions plus anciennes, il a
sur elles l'avantage de la classification et de la méthode. En
ce qui concerne le fond des choses, on y voit se dessiner d'une
manière assez précise les grandes lignes du droit parisien.
L'auteur pose avec une certaine netteté les principes que devait
plus tard sanctionner la rédaction officielle de la Coutume de
Paris, tant en matière féodale qu'en matière de droit commun. Il a traité des fiefs, des censives, des bails ,et gardes,
du douaire, du régime matrimonial, des successions et des
donations, du retrait lignager, des hypothèques, de la prescription, en un mot de tout ce qui concerne le droit coutumier
de la ville et de la vicomté de Paris, au xv° siècle.

COUSTUMES DE FRANCE

DU TEMPS DE CHARLES VII [1].

De circa censum consuetudinibus.

En cas dacensement pour avoir la possession naturelle de la chose accensée ne fault vest ne devest ne saisine de seigneur, mais par la tradicion des lettres sur ce faictes le preneur se peut dire saisy. Et la raison est bonne car le bailleur retient tousiours la directe seigneurie de la chose tellement que se elle cheoit *in commissum* quelle ne fust possédée il la porroit reprendre. Et seroit sa rente confuse se il en jouissoit incommutablement. Et se il y avoit autres censiers et elle estoit vuide il seroit préféré devant à accepter la propriété quelque reparacion que le censier y eust faicte ou amendemens, *quia dominus est.*

Se ung propriétaire tient et possède sa maison ouverte et garnie par an et par jour, il acquiert saisine de franchise contre le censier. Tellement que depuis ce le censier ne peut aler avant par voie de gaigerie pour sa rente se ainsi nest que pendant icellui an et jour le censier ny a gaige ou esté payé.

Quia amisit possessionem pignorandi, cum interdicta sunt analia.

Se ung censier est en possession davoir et prendre rente sur une maison et le devient vuide et la vuidenge luy conserve la possession, tellement que dedans lan de la garnison dicelle, il y peut gaigier et procéder par voye de gaigerie pour sa rente et arreraiges quelque longtemps que elle ait esté vuide, *quia non valenti agere*, etc.

Se ung censier fait souffisamment crier par le privillège à Paris une maison pour sa rente, tous ceulx qui y ont droit de rente se doivent opposer dedans les quatre XL^{nes} (quarantaines)

(1) Bibliothèque nationale fr. 18.110, f°s 48 à 62.

ou ilz perdent entièrement tout leur droit, quelques gens que ce soient, églises, pupilles ou autres. Né aucun non est point excepté. Non pas le Roi selon aucuns. *Imputetur eis nisi se opposuerint cum haberent facultatem. Et hoc verum nisi de illa annua pensione sint in fide vel homagio vel solvant censum.*

Se deux censiers prennent rente sur aucune maison vuide dont lun est premier et lautre derrenier, le derrenier est tenu de garnir pour le droit de lautre premier. Tant pour le temps passé, présent, comme pour celluy avenir. Et luy doit estre pour ce donné temps de XL jours. Et sil ne le fait il est privé de tout son droit *ex nunc prout ex tunc*. Et est quicte de tous arrérages par perdant son droit.

Et se cest le propriétaire, il est tenu de paier tous arreraiges jusques ad ce quil y ait renoncié souffisamment et par espécial jusques au temps des XL jours. Car par coustume les propriétaires sont tenus de paier et acquicter les charges réelles de leurs héritaiges et ne pevent estre suivis personnellement.

Quiconque veult deuement renoncer à la propriété daucun héritaige il fault que ce soit en jugement. Les censiers ad ce appellez souffisent. Et que il paie tous arreraiges voiré le terme subséquent la date de la renonciacion ou que il consigne *cum effectu* lesdits arréraiges en leur contumace, eulx souffisamment appellez. Autrement la renonciation ne vault.

Se deux censiers ont pareil droit sur une maison vuide, ilz ne pevent sunir l'un l'autre afin de garnir ou de quicter. Car il fault que le demandeur ad ce que il puisse obtenir soit *potior quod non esset in casu isto.*

Se ung home qui a rente sur une maison en vend partie, la rente vendue est et devient première. Et telle que celle que le vendeur retient est derrenière et soulzmise à la première quant il y a obligacion, supposé que en la vente faisant il nen soit point faicte mencion.

Et accensement ne en eschange fait but à but na nulles ventes. *Quia non est emptio nec venditio.*

De feudorum consuetudinibus.

Se le nouveau vassal requiert la foy et hommage du fief dont il est vassal et à son seigneur dedans XL jours ou derrain jour diceulx xl jours, le seigneur duquel le fief est tenus doit restituer à son vassal tous les fruiz par luy levés dedans les xl jours. Mais se le vassal après requiert la foy et hommaige du fief dont il est vassal, il ne luy doit estre faicte aucune restitucion des fruiz perceuz par son seigneur dedans les xl jours ou après, avant la requisicion.

Quant aucun de nouveau vient à aucun fief se cest chastellenie qu'il ait en fief à cause de laquelle il ait pluseurs vassaulx, il peut et doit faire crier en son chastel que tous ses vassaulx à cause dudit chastel luy viennent faire foy et hommaige dedans xl jours. Et ou cas que ilz ne vendroient le seigneur porroit mectre la main à leurs fiefz. Mais ou cas que aucun auroit ung simple fief duquel seroient tenus plusieurs autres, il peut et doit particulièrement dénoncier à ses vassaulx quilz luy viennent à cause de ce faire foy et hommaige et dedans les xl jours, autrement il peut mectre leur fief en sa main jusques ad ce qu'il ait homme.

Et pour ce faire doivent venir les vassaulx sur le lieu duquel meut ce quilz tiennent. Et aussi y doit le seigneur aler.

Le vassal ne prescript point contre son seigneur, le seigneur contre son vassal que le vassal ne puisse retourner à son fief et le seigneur à souveraineté dicelluy jasoit que par xl ans le vassal nait requis son fief tenu par son seigneur par le temps dessus dit ne le vassal tenant son fief fait homaige à son seigneur par le temps dessus dit.

Quant aucun veult relever son fief, il doit offrir à son seigneur duquel ledit fief est tenus trois choses par alternacion pour cause du relief : une somme d'argent le regart de bonnes gens ou la revenue d'un an du fief avecques un marc d'argent. Et est à entendre que le seigneur ne peut eslire le marc d'argent se ce nest avecques la revenue du fief. Et ou cas que le seigneur a esleu la revenue du fief d'une année, il fait les fruiz du fief siens jusques ad ce que le marc d'argent luy soit paié jasoit ce quil ait receu la revenue dessus dicte.

Quant aucun fief est laissé à aucun lieu religieux ou aux povres il ne doit point de relief selon loppinion daucuns.

En ligne directe équale la femelle ne succède point en fief ou cas quil y a masle se ce nest en la porcion déclairée cy après.

Le masle est censé plus ancien que la fumelle (*sic*) quant ad ce quil jouisse du privillège dancienneté quant à succession de fief, combien que en vérité il soit moindre daage dicelle.

En ligne collatéral esgale la fumelle ne succède point en fief ou cas quil y a hoir masle et que le fief descend du costé deulx deux. Mais la fumelle plus prochaine succède bien. Quant aucun père ou mère a fille et icelle marient et ou douaire luy donnent aucun fief ou fiefz, le mari dicelle fille nest pas tenu de relever icelluy ou cas que icelle fille auroit frère. Tant par ce que le fief vient de directe ligne comme pour ce que son frère lacquicteroit.

Et ou cas que depuis à icelle fille escherroient aucuns fiefz de par son père ou sa mère, son mari seroit tenus de relever ne ne seroit pas icelle fille franchie du relief à cause de son frère, parce que une fois en auroit esté franchie et acquictée. Et ainsi ne peut estre quicte du relèvement se ce nest une fois seulement.

En ligne directe et esgalle le masle franchist la femelle du relief, et non en ligne collatéral, quant elle est mariée, car tant quelle est à marier elle est franche de soy.

Le second mari est tenu de relever les fiefz que tient à cause de sa femme jasoit ce quilz aient esté relevez par le premier mari de sa femme.

Quant aucun donne à sa fille à cause de douaire autre chose non tenue en fief et par la succession dicelluy à icelle fille veingnent aucuns fiefz, le mari dicelle nest pas tenu de les relever ou cas que sa femme auroit aucun frère, car par icelluy seroit la seur franchie.

Quant aucun a pluseurs enfans comme filz et filles, laisné des fi z se pluseurs sont ou celluy qui survit a la moitié de tous les fiefz, son père et sa mère mors, et le principal manoir et ung arpent de terre environ; icelluy, se il y est, autrement non; soient le père et mère nobles ou non es biens tenus en censive est faicte division par chiefz.

Quant aucun père ou mère oians pluseurs fiefz meurent, filz et filles survivans ou deux filz, le filz au regart de sa seur ou laisné au regart de son frère maisné a les deux parties des fiefz et le principal manoir et arpent de terre, si comme dessus est dit.

Quant aucun a par tiltre dachat ou autrement aucun fief tenu daucun seigneur en foy et hommaige duquel il nest entré en foy ne en hommaige, il nest pas tenu de respondre devant icelluy seigneur duquel ledit fief est tenu comme devant son seigneur, car il nest pas encore son seigneur parce quil nest entré en foy ne en hommaige dicelluy à cause dudit fief.

En donation faicte de fief simplement et purement na point rachapt.

Et ou cas que rachat a lieu na pas lieu le quint denier se ce nest quant aucun vend aucune chose tenue en fief et icelluy vendeur meurt avant que lacheteur en soit en foy et hommaige. Car les hoirs du vendeur sont tenus du rachat en tant quilz entrent en foy et hommaige dudit fief vendu. Et du quint denier à cause de la vente commancée par leur prédécesseur laquelle ilz sont tenus de parfaire.

Quant aucun vend aucun fief, celluy qui vend icelluy fief doit paier le quint denier au seigneur, si nest dit expressément que lacheteur le doye payer. Ou quel cas lacheteur paie le quint et le requint denier, car de tant qui paie les deniers francs au vendeur il acheta moins le fief, mais celluy qui achate aucune chose en censive doit paier les ventes.

Ou cas que aucun fief ne vault oultre dix livres le vassal nest tenu doffrir le marc dargent avecques la revenue du fief, à cause du relief dicelluy. Mais souffist offrir la revenue dun an dicelluy fief seulement.

La fumelle nest point censée aagée au regart dautre fumelle, combien quelle soit plus ancienne daige soit en ligne directe ou collatéral, et en pareil degré quant à succession du fief, mais succèdent eulx deux par esgal.

Se aucune église a acheté aucun fief et le seigneur dicelluy fief reçoit icelle église en foy et en hommaige d'icelluy fief, il peut ce nonobstant dénoncer icelle église à mectre le dit fief hors de ses mains dedans ung an depuis la renonciacion puisque il nest amorti et de son consentement. Et se elle ne le fait le seigneur le peut mectre en sa main.

Le vassal se peut jouer de son fief sans ce que le seigneur dicelluy ait aucun émolument. Et pour ce dit on que le vassal peut son fief vendre, ne le seigneur à cause de ce naura aucun prouffit jusques au vest. Ne de ce ne se peut le seigneur complaindre de son vassal, se ce n'estoit ou cas que lacheteur dicelluy fief percevroit les fruiz et émolumens dicelluy fief en fraude du seigneur et non le vassal. Autrement est es choses tenues en censive, car incontinent quelles sont vendues est droit acquis au seigneur ès ventes sans attendre vest ne devest.

Quant aucun vent aucune chose tenue en censive le seigneur de qui elle est tenue ne peut icelle retenir pour le pris. Autrement est du seigneur duquel le fief vendu est tenu.

Quant la mère a la garde de ses enfans ausquelz eschiet aucune chose tenue en fief à cause de la succession de leur. père, elle doit rachat car aussi le devroient les enfans silz estoient aagiés.

Celluy qui a le bail doit rachat à cause des choses tenues en fief escheues à ceulx de qui il a le bail pour cause desquelz fiefz ils paieroient rachat silz estoient aagiez, comme à cause de choses à eulx escheues à cause de la succession de leurs frères ou seurs.

Le quint denier se prent et doit estre prins et paié de et sur les deniers du pris de la vente des héritaiges et possessions vendues, mouvans et tenus en fief, se le vendeur ne prent et retient le pris sien franc par expresses convenances.

Quant aucun seigneur féodatoire reçoit son vassal en sa foy et hommaige plainement et paisiblement sans aucune réservacion, il ne peut ne ne doit depuis lors en avant faire ne mectre aucun empeschement ou dit fief à son dit vassal, mais le doit garder et faire tenir en la possession dicelluy ainsi comme il y a mis sans luy donner empeschement pour raison du temps passé se depuis la récepcion de la foy, hommaige ou souffrance il ny entrevient aucune cause raisonnable.

De circa retractum consuetudinibus.

Se aucun vend son propre héritaige à aucune personne estrange de ligne le plus prochain qui se appert peut ravoir la chose vendue et retraire en rendant bourse et deniers.

Et doit retraire ledit héritaige dedans lan de la vente et le mectre en ligne.

Et fault que le retraiant offre et deniers en jugement au jour du plait ou autrement il déchiet de son retraict.

Lan dedans lequel le plus prochain peut venir à retraict commance à courre incontinent que lacheteur a la possession et saisine de la chose vendue du seigneur duquel elle est tenue soit tenue en fief ou en censive et non incontinent que la vente est faicte. Et la raison est bonne, car autrement ou préiudice des plus prochains qui porroient venir à retraict les contrahans céleroient la vente jusques que lan feust passé no ne prendroit lacheteur saisine ne possession du seigneur duquel la chose vendue est tenue jusques après la fin de lan. Et par ainsi seroit deceu le plus prochain quant au retraict parcequil ne pourroit savoir la vente estre faicte par les contrahans, non car ilz le celeroient, par le seigneur non car riens nen sauroit. Et par ainsi sera decheu de son retraict sans sa négligence.

Au jour que le retraict est adiugié il fault paier la bourse et les deniers avecques loyaux coustemens et se le jour passoit il décherroit du retraict.

Se léritage vient de conquest il ne vient point en retraict.

Se léritage est baillé à crois de cens il ne chiet point en retraict.

Se pluseurs de divers lignes succèdent à aucun leur parent et ilz font partaige et division entre eulx de leurs immeubles, tellement que lun est seigneur de léritaige qui nest pas venu de son costé, icelluy héritaige sera censé venir à luy de son costé tellement que sil le vend ses prochains de sa ligne vendront au retraict, supposé que icelluy héritaige ne viengne pas de leur costé.

Celluy qui retraict aucune chose tenue en censive nest pas tenu de payer les ventes à celluy de qui il retraict icelle chose, lesquelles ventes celuy de qui la chose est retraicte a paiées au seigneur de qui la chose retraicte est tenue. Ne celluy duquel la chose est retraicte ne recueuvre icelles ventes à celluy qui lui vend icelle chose. Laquelle chose combien que aucuns dient le contraire est à entendre cest assavoir que celluy qui retraict ne paie nulles ventes quant il est cousin germain ou plus prochain de celluy qui a vendu la chose. Autrement le contraire est vray. Et la raison pourquoy icelluy de qui on retraict ne recueuvre aucunes ventes de celuy qui luy a vendu est telle. Car quant il acheta la chose il se devoit pourveoir contre son vendeur à cause des ventes en cas de retraict par

stipulation ou autrement. Et se il ne sest pourveu, il le se doit
imputer, considéré quil devoit savoir que le retraiant ne rend
point les ventes à celluy de qui il retraict et que la chose povoit cheoir en cas de retraict.

Le retraiant est tenu de payer les ventes pour soy et à cause
de son retraict.

Se aucun a fait aucunes réparacions nécessaires ou aucunes
choses utiles en la chose qui de luy est retraicte par autruy,
le retraiant n'est pas tenu de respondre et paier icelles repa-
racicns si nont esté faictes par autorité de justice. Et la raison
est bonne, car autrement il semble quil les vueille donner par
ce qui peut penser et preveoir que icelle chose peut estre retraicte dedans lan. Et par autre raison, car autrement celuy de
qui la chose est retraicte pourroit faire telles réparacions et si
grans que le retraiant ne les pourroit paier. Et ainsi par voye
oblique seroit le retraict en la puissance de ceulx desquelz on
vouldroit retraire, combien que aucuns dient que il nest pas
nécessité de faire les réparacions nécessaires par auctorité de
justice. Quant est des volontaires il nest nulle doubte quelles
ne pevent estre répétées, soient faictes par auctorité de justice ou non. Mais est seulement à la voulenté de celuy qui les
a faictes de les reprendre sur la chose et arraser sans détérlo-
racion dicelle.

En vente de héritaige faicte par criées a lieu retraict.

Se aucun achete aucun héritaige plain de fruiz et iceulx
ait levé et parceu et aucun retraict icelluy héritaige, le retraiant naura pas lestimacion des fruiz vendus avecques léritaige. Et néantmoins paiera le pris que léritaige plain desditz
fruiz fut vendu, combien que pour les fruiz le pris feust
greigneur pourceque les fruiz perceuz par lacheteur sont
siens. Se ce nestoit ou cas que iceulx fruiz venduz avecques
éritaige estans encore en icelluy lacheteur auroit esté adiourné
à cause du retraict, et par le retraiant jà faicte veue sur icelluy, ou sur icelluy héritaige ladiournement fait.

Se aucun achate aucune maison ou héritaige daucun vendeur auquel il appartiengne de son propre héritaige et de son
lignage, et que lacheteur ne soit pas du lignage dont léritaige
est venu, toutesvoyes loist à lacheteur à vendre et peut vendre ledit héritaige à une autre personne et lui transporter sil

luy plaist comme celluy qui de sa chose peut deuement faire
sa voulenté sans fraude.

En matière de retraict il covient que le demandeur sadresse
et face sa demande et poursuite contre celluy qui est vray
propriétaire et détenteur de léritaige au temps de lévocacion
et adiournement.

En matière de retraict il ne souffist pas à poursuivre le
premier acheteur puis que il aura vendu ou transporté deuement par avant lévocacion à une autre personne et soy en
dessaisy et fait saisir lautre bien et deuement sans fraude.

De circa dotem consuetudinibus.

La femme par la Coustume est douée de la moitié du propre
héritaige de lomme, et de tous ceulx quil tient au jour des
nopces, soit de conquest ou autrement. Et généraument de
tout ce qui lui vient durant le mariage par succession en ligne
directe. Autrement est en ligne collatéral, et est à entendre
ou cas qu'il ny auroit douaire exprès ouquel cas ne pourroit
la femme autre chose demander.

Le douaire exprès ne queurt jusques ad ce quil soit demandé.

Le douaire est fait propre héritaige aux enfans dicelle be-
neisson (1), tellement que père et mère ne le pevent aliéner
ne forfaire soit par crime de lese magesté ou autrement que
les enfans ne laient.

Le mary de la femme mort, si elle est censée estre dame et
avoir la possession et saisine du douaire coustumier, sans ce
qui luy soit baillé par les hoirs de son mary. Autrement est
en douaire espécialement constitué.

Un noble ne peut douer sa femme par convenance expresse
oultre la moitié de ses biens. Autrement est en personne non
noble.

Ung homme ne peut douer sa femme ne a elle à cause de
douaire soy obligier durant le mariage deulx deux. Et si se
fait le contraire lobligacion est nulle et de nul effect.

(1) Bénédiction, pour *mariage, lit.*

De circa ypotheca consuetudinibus.

Ypothèque ne se divise point par coustume combien que
ce raison escripte.

Se ung homme soblige luy et tous ses biens len puet suivre
par hypothèque lequel que le créancier veult ou le principal
ou les détenteurs des héritaiges obligiez sans commancer au
princ.pal.

Se une maison ou pièce de terre est criée par XIIIIᵒᵉˢ par
vertu d'obligacion souffisante et decret baillé, toutes debtes
et obligacions personnelles, voire ypothèques atraictes sur
icelle maison ou pièce de terre pour cause daucune debte à
paier à une fois sen vont avecques toutes autres obligacions,
tellement que len nen peut faire question, et est seur lacheteur.

Quant aucun a ypothèque sur aucune maison ou pièce de
terre pour cause daucune rente annuelle et perpétuelle à luy
deue et de laquelle il est en foy et homaige, quand tenue est
en fief, ou en possession et saisine du seigneur quand tenue
est en censive, par criz XIIIIᵉˢ ou subhastations de la ditte
maison ou terre ne luy est fait quelque préiudice quant à sa
rente, combien que autre chose seroit au cas que ladilte rente
ne seroit en foy et hommaige ou en saisine et possession mais
len pert los arréraiges.

Rente à vie par quelconque decret ne se pert point combien
que les arréraiges se perdent.

Toute ypothèque est prescripte par X ans par coustume.

En cas de desconfiture nul na prérogative ne priorité en
biens meubles de debtes sil ny a debte privilligiée, comme de
garde ou de commande ou de dépost.

En rente à vie nest pas nécessaire chose de prendre la possession, si sont sur choses en censive, ou en entrer en foy et
hommaige, silz sont tenus en fief. Autrement est en rentes
perpétuelles. Et par ce sensuit que se la chose sur laquelle
aucun prend aucune rente à vie est criée, subhastée et vendue, et celluy qui prend icelle rente à vie ne se oppose mie
il ne pert mie pour sa dicte rente jassoit ce quil nen ait mie la

possession en censive, ne la foy et hommaige en choses féodaulx. Autrement est en rentes perpétuelles.

A cause de rentes à vie len ne doit point de rachat, et est la raison, par ce que dessus est dit.

De prescriptionum consuetudinibus.

Se aucun à juste tiltre et bonne foy possède aucune chose immeuble par dix ans entre présens et vingt ans entre absens sans inquiétacion, il prescript et acquiert tout droit de seigneurie, dypothèque ou quelconque autre contre eagés non privilégiées et non horpaisies *id est* non hors du pays (1).

Si len vent aucune rente par condicion que se lieu où la rente est vendue devient viut... que lacheteur ait recours sur aucun autre héritaige, la condicion avenue, il peut suivre le détenteur de lautre maison ou héritaige par voye ypothécaux pour sa rente. Ne le propriétaire ne prescript point se ainsi nest que depuis la condicion avenue il ait possédé sa maison à juste tiltre par dix ans. *Quia non valenti agere*, etc.

Et ceste coustume a esté prouvée entre dame Gille Dupil et les XV^{xx} (2), et si prouvèrent iceux XV^{xx} vingt et neuf ans de possession sans inquietacion ne interpellacion, Et passa en auctorité de chose jugée.

De burgensium parisiensium privilegiis.

Par le privilège des bourgois et habitans de Paris et par coustume et commune observance iceulx bourgois et habitans pevent aler par voye darrest en la ville de Paris et es faulxbourgs dicelle sur les biens de leurs debteurs et des debteurs de leurs debteurs forains pour estre paiez de leurs debtes combien qué elles cheent en cognoissance de cause.

Et de ce user ne pourroient contre ceulx qui auroient domicille à Paris car privilégé contre privilégé ne use pas en ce cas de son privilège.

Avant que une maison assise à Paris puisse estre criée par le privilège aux bourgois il convient quelle ait esté ung an en

(1) *Hors payeds,* c'est-à-dire absents.
(2) L'hôpital des Quinzé-Vingts.

vuidange ou au moins quelle soit ruineuse et souffrist lun de
ces deux.

Quiconques demeure à Paris et il ait maison propre ou louée
il use des privilèges aux bourgois.

De circa successionem consuetudinibus.

Le mort saisit le vif son hoir combien que particulièrement
il y ait coustume local ou il fault nécessairement saisine de
seigneur comme en choses feudalles.

Homme et femme coniqincts par mariage ne pevent riens
donner lun à lautre en leur testament par voye directe ou
oblique, combien quilz peussent faire entre vifs lun à lautre
don mutuel de leurs meubles et conquestz et non autrement.

Se enfans sont mariez des biens communs de père et de
mère, autres enfants demourans en celle, iceulx enfans mariez renoncent taisiblement (tacitement) à la succession de
père et de mère ne ny pevent riens demander au préiudice
des autres demourez en celle supposé quilz rapportassent ce
que donné leur a esté en mariage. Car par le mariage ilz sont
mis hors de la main de père et de mère, se ce nest que par
expres il leur ait été réservé en traicté de mariage que par
rapporter ce que donné leur a esté en mariage ilz puissent
succéder à leur père et mère avecques leurs frères ou seurs
qui sont demourez en celle.

Se tous les enfants dauncuns père et mère sont mariez suc-
cessive à leur vivant et au traicté de leur mariage ait esté
encenvenancé que par rapportant, etc. comme dit est. Toutes
voyes après la mort de leur père et mère ils viennent à la
succession diceulx sans rapporter pour ce quil ny a nulz
enfans demourez en celle. Mais sont tous de pareille condicion, c'est assavoir mariez.

Qu'il ne peut ordonner en son testament de son propre héritaige ou préjudice de ses héritiers fors que du quint dicelluy.

Représentacion na point lieu en succession en ligne directe
né collatéral se ce nestoit ou cas que au traicté de mariage
que aucun feroit de sa fille ou de son filz yssans dicelluy
mariage eust lieu représentacion en la succession de leur aïeul
ou aïeule, père ou mère de leur père ou mère.

Quant aucun a pluseurs enfans ses héritiers il ne peut à lun diceulx aucune chose laisser oultre la porcion des autres.

Se aucun a pluséurs enfans et lun diceulx meurt sans hoir de son corps, les meubles et conquestz appartiennent à son père et mère ou au survivant et les héritages à son frère. Et se celluy qui est mort na point de frère, mais a nepveu le père et la mère auroient les héritages ou le survivant et non le nepveu, car ilz sont les plus prochains, et est de raison du premier cas, car le père ou la mère ou le survivant deulx viennent à succession de leurs enfans avecques leurs autres enfans frères diceulx esgaument. Et pour ce veult la coustume quilz feussent esgaulx. Cest assavoir que le péré ou la mère ou le survivant eussent les conquestz et les meubles et les frères les héritaiges. Mais autre chose est au nepveu du défunct qui ne vient à la succession de son oncle avecques le père et la mère dicelluy ou le survivant deulx.

Et est à noter que supposé que le défunct neust aucuns héritaiges, si auroient le père et la mère ou le survivant deulx les meubles et les conquetz dicelluy et le frère nauroit riens puisquil ny auroit héritaiges.

Se la femme est noble, en renonçant aux meubles et conquestz elle est déchargée de la moitié dicelles debtes de laquelle chose ne seroit pas deschargée se elle estoit non noble, supposé que à iceulx meubles et conquetz elle renoncast.

Bastard ne succède point de coustume de la ville, vicomté et banlièue de Paris.

Bastard peut faire testament et ordonner de ses meubles et conquestz car puisqu'il ne succède il na point déritaige.

Se aucun bastard a aucuns enfans de loyal mariage ilz luy succèdent et se iceulx enfans meurent sans héritier de leur corps le seigneur a léritaige dicelluy enfant à luy venus de son père bastard, et non la mère du filz bastard, femme jadis du bastard, car ilz ne sont pas de sa ligne.

Aux bastards succède le seigneur puisquil ny a héritiers de leurs corps en ligne descendant.

Les enfans du second mariage ont les meubles et les conquestz fais en icelluy mariage après le trespas de leur père ou mère. Et ny ont riens les enfans du premier mariage.

Et saches que xx ans à passez len disoit en la ville et vi-

conté de Paris que le mari durant le mariage povoit aliéner
les conquetz, meubles et immeubles et obliger et demener en
jugement sans le consentement de sa femme. Mais depuis
iceulx vingt ans on tient et use bien communément le contraire ez conquestz immeubles quant à demener en jugement.
Et quant à l'obligacion ad ce quelle vaille ou préjudice de la
femme, le mari mort, et est la raison pour ce que on cas de
retraict la femme doit estre aussi bien adiournée comme le
mari, qui a acquis la chose que on retraict. Il semble que len
doye tenir ce que len tenoit passé à xx ans pour ce que pour
le délit du mari les conquestz meubles et immeubles sont confisquez soit que le Roy soit souverain ou autre. Et la raison,
car le mari est censé estre seigneur diceulx; autrement seroit
iniquité que par le délit dicelluy qui ne seroit mie seigneur
diceulx conquetz la femme perdit sa part diceulx.

De consuetudinibus et privilegiis fisci.

Se les biens daucune personne pour les déliz par icelle per-
pétrez viennent et appartiennent au seigneur, icelluy seigneur
nest pas tenus des debtes soient personnelles ou réelles, se ce
nest ou cas que entre iceulx biens servit aucune chose qui auroit été déposée ou prestée à celluy de qui les biens auroient
esté confisquez ou autre chose estrange qui seroit trouvée es
biens dicelluy, excepté aussi ou cas que celluy de qui les biens
auroient esté seroit tenu à aucuns à cause de tutelle ou de cure
mal administrée.

Se le mari daucune femme est exécuté pour ses démérites
il forfait tous les meubles et les conquestz, ne nen aura riens
icelle femme ne aussi elle ne sera mie tenue aux créanciers
de son mari pour la moitié des debtes.

De consuetudinibus circa communionem quærendam.

Se après la mort de père ou de mère ung enfant mineur
dans aiant aucuns meubles demeuré par an et par jour avecques
le survivant deulx sans inventoire, partaige ou division, sans
ce aussi que pourven luy soit de tuteurs ou de curateurs, il
acquiert communaulté sil luy plaist, tellement que se icelluy

survivant se marie ilz sont trois testes. Cest assavoir lune à
icelluy mineur, l'autre à son père ou mère, et la tierce au parâtre ou marâtre et sont communs en meubles et en conquestz
tant diceulx père ou mère, parâtre ou marâtre, comme de
ceulx qui par la mort de père ou de mère appartiennent à len-
fant et de ceulx qui diceulx biens ont esté depuis acquis.

Par contract de mariage est communaulté acquise entre
lomme et la femme tant en meubles, conquestz faiz depuis le
mariage comme en debtes ou obligacions depuis ou paravant
contraictes.

Se aucune chose est donnée à enfant estant en la puissance
de son père, la chose donnée est acquise au père quant à propriété et usufruit, se ce nest ou cas que icelle chose luy auroit
esté donnée pour certaine cause, car adoncques elle devroit
estre convertie en icelle.

De circa gardiam consuetudinibus.

Père et mère, aïeul ou aïeule et *sic deinceps* en ligne directe
en montant et en descendant ont à Paris et ès faulx bourgs et
non ailleurs la garde de leurs enfans et nepveuz mineurs daage
et sont les fruiz leurs des héritages diceulx mineurs, sans rendre compte et ne les acquictont point des debteurs de leurs
prédécesseurs ne soustiennent leurs héritaiges, et a lieu durant leur mineur aage et entre gens de poste (*sic*).

Entre les nobles, frères, seurs, oncles et autres en ligne
collatéral ont le bail de leurs frères, seurs et nepveuz, cousins
et autres durant leur mineur aage. Et sont les fruiz des héritaiges diceulx leurs, mais ilz acquictent iceulx mineurs et
soustiennent les héritaiges diceulx.

Enfans de poste sont aagez à XIIII ans puis que ils sont
masles, et femelles à XII ans, mais ceulx qui sont nobles sont
aagez à XXI ans quant aux choses nobles et feudatoires, et
quant à celles qui sont tenues en villenage à XIIII ans, comme
dessus est dit.

Garde a lieu ès ascendens, comme père, mère, aïeul ou
aïeule qui ont la garde de leurs enfans et nepveuz. Et bail a
lieu entre ceulx qui sont de ligne collatéral comme en frères
qui ont le bail de leurs nepveuz.

Par la coustume de Beauvoisin se ung vassal vend son fief
à aucune personne autre que au seigneur du fief, le seigneur
peut retenir icelluy fief pour le pris que icelle autre personne
en a donné et sur icelluy pris retenir le quint denier.

Item. En icelluy païs a telle coustume, excepté en la clôture
de la ville de Compiengne, que la femme peut à ses héritiers,
à son mari et *è contrà* donner en son testament ses meubles
et ses conquestz, la quinte partie de ses héritaiges, entrévifs
s'il ny a donaison mutuelle.

Item ou païs de Champaigne la coustume est telle que ung
non noble ne peut tenir fief, car se il le tient de fait il peut
estre contrainct par le seigneur du fief à le mectre hors de sa
main.

Item. En la ville de Albeinal, emprès Soissons a telle coustume que le moindre des enfans a le principal manoir de son
père et mère.

Item. Le Roy de France est en possession et saisine de
prendre les biens ou aubains des espaves et biens vacans en
quelconque lieu quilz soient trouvez soient amortiz ou non
amortiz après leur décès et trespas.

Item. Les Religieux, abbé et couvent de Saint Denis en
France sont en possession et saisine davoir la congnoissance
de nobles et non nobles demourans en leur juridicion temporel,
et sont iceulx tenus de respondre devant le juge temporel diceulx religieux.

Item. Que se aucune beste, porc ou autre qui peut faire
dommaige en une vigne est trouvée en icelle elle est confis-
quée et acquise au seigneur sil peut estre trouvé (prouvé)
quelle ait mengié des raisins, et ny souffrait pas rendre le
dommaige. Et pour ce aucunes fois pour ce prouvée tue len
iceulx pourceaulx et bestes pour savoir silz en ont nuls men-
giez. Mais toutesvoyes il est assez prouvé silz se sont trouvées
en la vigne et dommage y est donné, car len présume contre
la beste qui y est trouvée quelle ait fait le dommaige. Et
néantmoins doit estre rendu le dommaige à celluy de qui est
la vigne, mas autrement est quant une beste ou ung pourceau

ou autre beste est trouvée en ung blé ou en une avoine et y a fait dommaige. Car il nest mie adoncques confisqué, mais soufflst rendre le dommaige à celluy à qui il est fait, et est la raison, car où il y a plus grand péril et dommaige en une vigne quil ny a en ung blé et en une avoine, et ainsi en use len en la viconté de Paris et ès villes voisines.

Tant par raison comme par la géneralle coustume notoire et notoirement gardée ou royaume de France et par espécial en la ville et viconté de Paris, les enfants du trespassé ou trespassée sont chargiez et tenuz de tout le faiz et charge regardant les funérailles du trespassé ou trespassée et ce qui en deppend. Et se le mari ou la femme survivant à cause de ce baille ou seuffre à prendre aucune chose des biens communs, il le reprent et est compté et rabatu sur la part et porcion diceulx enfans et héritiers en faisant partage et division.